1

ATIVIDADES

APRENDIZAGEM

LÍNGUA PORTUGUESA

- LEITURA
- ESTUDO DA LÍNGUA
- ORALIDADE
- ESCRITA
- CALIGRAFIA

Organizadora: SM Educação
Obra coletiva concebida, desenvolvida e produzida por SM Educação.

São Paulo, 2ª edição, 2022

Aprendizagem Língua Portuguesa 1
© Edições SM Ltda.
Todos os direitos reservados

Direção editorial	Cláudia Carvalho Neves
Gerência editorial	Lia Monguilhott Bezerra
Gerência de *design* e produção	André Monteiro
Edição executiva	Isadora Pileggi Perassollo
	Edição: Ieda Rodrigues
	Suporte editorial: Fernanda Fortunato
Coordenação de preparação e revisão	DB Produções Editoriais
Colaboração editorial	Priscila Ramos de Azevedo
Coordenação de *design*	Gilciane Munhoz
Coordenação de arte	Melissa Steiner Rocha Antunes
	Edição de arte: Juliana C. S. Cavalli
Coordenação de iconografia	Josiane Laurentino
	Pesquisa iconográfica: Camila D'Angelo e Marcia Sato
	Tratamento de imagem: Marcelo Casaro
Capa	Casa Rex
Projeto gráfico	DB Produções Editoriais
Editoração eletrônica	DB Produções Editoriais
Pré-impressão	Américo Jesus
Fabricação	Alexander Maeda
Impressão	Gráfica e Editora Pifferprint Ltda

Dados Internacionais de Catalogação na Publicação (CIP)
(Câmara Brasileira do Livro, SP, Brasil)

Aprendizagem língua portuguesa 1 : atividades / organizadora SM Educação ; obra coletiva concebida, desenvolvida e produzida por SM Educação. -- 2. ed. -- São Paulo : Edições SM, 2022. -- (Aprendizagem língua portuguesa)

ISBN 978-85-418-2776-8 (aluno)
ISBN 978-85-418-2772-0 (professor)

1. Português (Ensino fundamental) I. Série.

22-110312   CDD-372.6

Índices para catálogo sistemático:
1. Português : Ensino fundamental 372.6

Cibele Maria Dias - Bibliotecária - CRB-8/9427

2ª edição, 2022 1ª impressão Agosto, 2022

SM Educação
Avenida Paulista, 1842 – 18º andar
Bela Vista 01311-200 São Paulo SP Brasil
Tel. 11 2111-7400
atendimento@grupo-sm.com
www.grupo-sm.com/br

APRESENTAÇÃO

QUERIDO ESTUDANTE, QUERIDA ESTUDANTE,

A COLEÇÃO **APRENDIZAGEM LÍNGUA PORTUGUESA** FOI ELABORADA PARA VOCÊ PÔR EM PRÁTICA SEUS CONHECIMENTOS DA LÍNGUA E SE TORNAR COMPETENTE PARA LER E PRODUZIR TEXTOS.

PARA ISSO, AO LONGO DOS ESTUDOS COM OS LIVROS DESTA COLEÇÃO, VOCÊ SERÁ CAPAZ DE PRATICAR A LEITURA DE DIFERENTES TEXTOS E ELABORAR SUAS PRÓPRIAS PRODUÇÕES TEXTUAIS.

POR MEIO DE ATIVIDADES VARIADAS, SERÁ POSSÍVEL RETOMAR, QUANDO NECESSÁRIO, E APLICAR OS CONTEÚDOS SOBRE AS REGULARIDADES E O FUNCIONAMENTO DA LÍNGUA PORTUGUESA.

A COLEÇÃO APRESENTA, AINDA, PROPOSTAS PARA VOCÊ APRIMORAR SEU DESEMPENHO EM SITUAÇÕES DE COMUNICAÇÃO ORAL.

DESEJAMOS QUE ESTE MATERIAL CONTRIBUA MUITO PARA SUA FORMAÇÃO.

BONS ESTUDOS!

EQUIPE EDITORIAL

SUMÁRIO

MÓDULO 1
- **LEITURA** 6
  - QUADRINHA 6
- **ESTUDO DA LÍNGUA** 8
  - LETRAS, NÚMEROS E DESENHOS 8
- **ESTUDO DA LÍNGUA** 10
  - PALAVRAS 10
- **ORALIDADE** 12
  - RECITAÇÃO DE QUADRINHA 12

MÓDULO 2
- **LEITURA** 13
  - PARLENDA 13
- **ESTUDO DA LÍNGUA** 15
  - ALFABETO 15
- **ESTUDO DA LÍNGUA** 17
  - ORDEM ALFABÉTICA 17
- **CALIGRAFIA** 19
  - ALFABETO E ORDEM ALFABÉTICA 19
- **ORALIDADE** 21
  - RECITAÇÃO DE PARLENDA 21

MÓDULO 3
- **LEITURA** 23
  - POEMA ACUMULATIVO 23
- **ESTUDO DA LÍNGUA** 25
  - LETRAS E SONS 25
- **ESTUDO DA LÍNGUA** 26
  - VOGAIS E CONSOANTES 26
- **CALIGRAFIA** 27
  - VOGAIS 27
  - LETRA **L** 29
  - LETRAS **F** E **V** 30
- **ESCRITA** 31
  - CANTIGA ACUMULATIVA 31

MÓDULO 4
- **LEITURA** 33
  - CONVITE 33
- **ESTUDO DA LÍNGUA** 36
  - SÍLABAS 36
- **ESTUDO DA LÍNGUA** 38
  - AS LETRAS **F**, **V**, **P**, **B**, **D**, **T** 38
- **CALIGRAFIA** 39
  - LETRAS **P** E **B** 39
  - LETRAS **T** E **D** 40
- **ESCRITA** 41
  - CONVITE 41

MÓDULO 5

- LEITURA 43
  - NOTÍCIA 43
- ESTUDO DA LÍNGUA 45
  - O ESPAÇO ENTRE AS PALAVRAS 45
- ESTUDO DA LÍNGUA 47
  - AS LETRAS **M**, **N**, **C**, **L** 47
- CALIGRAFIA 49
  - LETRAS **M** E **N** 49
  - USO DE **C** E **Ç** 50
- ESCRITA 51
  - MANCHETE 51

MÓDULO 6

- LEITURA 52
  - *SLOGAN* 52
- ESTUDO DA LÍNGUA 54
  - LETRA MAIÚSCULA E LETRA MINÚSCULA 54
- ESTUDO DA LÍNGUA 56
  - AS LETRAS **R**, **S**, **X**, **Z** 56
- CALIGRAFIA 57
  - LETRAS **R** E **S** 57
  - LETRAS **X** E **Z** 58
- ORALIDADE 59
  - *SLOGAN* 59

MÓDULO 7

- LEITURA 60
  - CONTO DE FADAS 60
- ESTUDO DA LÍNGUA 63
  - LETRA DE IMPRENSA E LETRA CURSIVA 63
- ESTUDO DA LÍNGUA 65
  - OS DIFERENTES TIPOS E TAMANHOS DE LETRAS 65
- CALIGRAFIA 67
  - LETRAS **G** E **J** 67
  - LETRAS **H** E **Q** 68
- ESCRITA 69
  - CONTO DE FADAS 69

MÓDULO 8

- LEITURA 71
  - CURIOSIDADES 71
- ESTUDO DA LÍNGUA 73
  - PONTUAÇÃO (PONTO-FINAL, EXCLAMAÇÃO, INTERROGAÇÃO) 73
- ESTUDO DA LÍNGUA 75
  - SINONÍMIA E ANTONÍMIA 75
- CALIGRAFIA 77
  - LETRAS **K**, **W** E **Y** 77
- ESCRITA 79
  - CURIOSIDADES 79

MÓDULO 1

LEITURA

QUADRINHA

VOCÊ SABE O QUE É QUADRINHA? AS QUADRINHAS SÃO POEMAS CURTOS, GERALMENTE CRIADOS PARA EXPRESSAR DESEJOS, DIVERTIR OU ENSINAR. ELAS TÊM ESSE NOME PORQUE SÃO FORMADAS POR QUATRO VERSOS. O VERSO É CADA UMA DAS LINHAS DE UM POEMA.

LEIA A QUADRINHA A SEGUIR.

MEU NOME

QUEM QUISER SABER MEU NOME
DÊ UMA VOLTA NO JARDIM,
O MEU NOME ESTÁ ESCRITO
NUMA FOLHA DE JASMIM.

DOMÍNIO PÚBLICO.

ESTUDO DO TEXTO

1. A QUADRINHA QUE VOCÊ ACABOU DE LER TEM UM TÍTULO. LOCALIZE ESSE TÍTULO E ESCREVA-O ABAIXO.

   _____

2. UMA QUADRINHA GERALMENTE APRESENTA RIMAS. A RIMA OCORRE QUANDO DUAS OU MAIS PALAVRAS TERMINAM COM UM SOM IGUAL OU PARECIDO.

   A) LEIA NOVAMENTE A QUADRINHA, EM VOZ ALTA, E CIRCULE AS PALAVRAS QUE RIMAM.

B) ESCREVA, NOS ESPAÇOS ABAIXO, AS PALAVRAS QUE VOCÊ CIRCULOU NA QUADRINHA.

☐☐☐☐☐☐   ☐☐☐☐☐☐

C) AS PALAVRAS QUE VOCÊ ESCREVEU APRESENTAM SONS:

☐ SEMELHANTES.   ☐ DIFERENTES.

D) PINTE, NAS PALAVRAS QUE VOCÊ ESCREVEU NO ITEM **B**, AS LETRAS QUE REPRESENTAM O MESMO SOM.

3. QUE PALAVRA SE REPETE NOS VERSOS DA QUADRINHA? MARQUE UM **X** NA RESPOSTA CORRETA.

☐ JASMIM.   ☐ FOLHA.   ☐ NOME.

4. OBSERVE OS DESENHOS ABAIXO E PINTE AQUELE QUE REPRESENTA UMA FOLHA DE JASMIM.

5. IMAGINE QUE O NOME ESCRITO NA FOLHA DE JASMIM SEJA O SEU. COM A AJUDA DO PROFESSOR, ESCREVA SEU NOME NO QUADRO.

6. VOCÊ CONHECE OUTRAS PESSOAS COM O NOME IGUAL AO SEU?

☐ SIM.   ☐ NÃO.

SETE

ESTUDO DA LÍNGUA

LETRAS, NÚMEROS E DESENHOS

PODEMOS USAR LETRAS, NÚMEROS OU DESENHOS PARA NOS COMUNICAR COM OUTRAS PESSOAS.

1. LEIA AS ATIVIDADES ABAIXO E MARQUE UM **X** NAS RESPOSTAS CORRETAS.

    A) PARA ESCREVER SEU NOME, O QUE VOCÊ UTILIZA?

    ☐ LETRAS.   ☐ NÚMEROS.   ☐ DESENHOS.

    B) E PARA REPRESENTAR A QUANTIDADE DE LETRAS DE SEU NOME?

    ☐ LETRAS.   ☐ NÚMEROS.   ☐ DESENHOS.

2. OBSERVE NOVAMENTE A QUADRINHA "MEU NOME". UTILIZANDO NÚMEROS, COMPLETE A FRASE.

    A QUADRINHA APRESENTA ☐ VERSOS.

3. RELEIA O SEGUNDO VERSO DA QUADRINHA.

    DÊ UMA VOLTA NO JARDIM,

    DESENHE TRÊS COISAS QUE PODEMOS ENCONTRAR EM UM JARDIM.

4. OBSERVE OS QUADROS ABAIXO. CIRCULE AQUELES QUE APRESENTAM PALAVRAS.

TODO MUNDO TEM UM NOME.

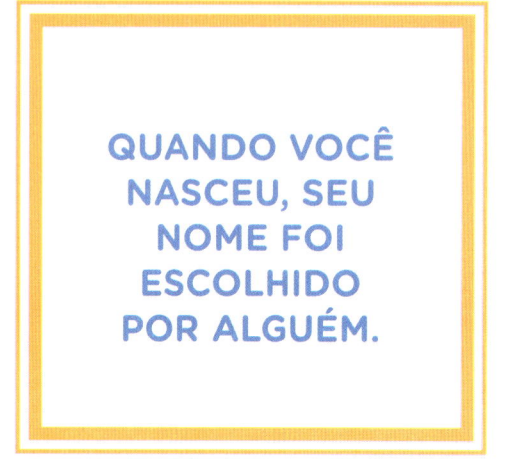

1 3 5
2 4 6
7 8 9

QUANDO VOCÊ NASCEU, SEU NOME FOI ESCOLHIDO POR ALGUÉM.

0 2 4 5 6

NOVE 9

ESTUDO DA LÍNGUA

PALAVRAS

1. ESCREVA ABAIXO CADA LETRA DE SEU NOME EM UMA DAS BANDEIRINHAS.

2. QUANTAS LETRAS TEM SEU NOME?

3. NO QUADRO ABAIXO, PINTE DE **VERMELHO** AS LETRAS QUE FORMAM SEU NOME.

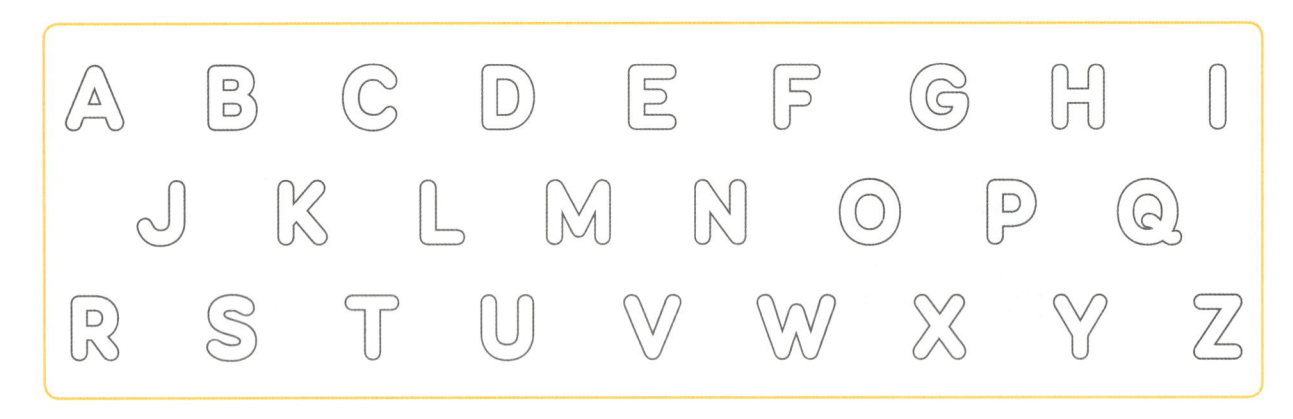

A	B	C	D	E	F	G	H	I
J	K	L	M	N	O	P	Q	
R	S	T	U	V	W	X	Y	Z

4. RECORTE DE JORNAIS OU REVISTAS AS LETRAS DE SEU NOME. NO QUADRO ABAIXO, COLE AS LETRAS NA ORDEM CORRETA PARA FORMAR SEU NOME.

5. VOCÊ SABIA QUE PODEMOS ENCONTRAR OUTRAS PALAVRAS EM ALGUNS NOMES DE PESSOAS? VEJA.

MARCOS

PROCURE PALAVRAS NOS NOMES A SEGUIR. PINTE AS PALAVRAS ENCONTRADAS.

| JULIANO | PAULO | BEATRIZ |

6. ESCREVA A LETRA INICIAL DO NOME DE CADA FIGURA PARA ENCONTRAR A PALAVRA.

Q								

AGORA QUE VOCÊ ENCONTROU A PALAVRA, CONTE A UM COLEGA OU A UM FAMILIAR O QUE ELA SIGNIFICA.

7. OBSERVE OS NOMES E FAÇA UM TRAÇO NAQUELE QUE SE REPETE EM CADA LINHA.

ANA	MARIA	ANA	PAULA	CARLA
LUÍS	PEDRO	JOÃO	PEDRO	FÁBIO
DAVI	LUCAS	DANIEL	MATEUS	DAVI
JÚLIA	BEATRIZ	PAULO	JÚLIA	VÍTOR

ORALIDADE

RECITAÇÃO DE QUADRINHA

VOCÊ LEU UMA QUADRINHA E APRENDEU QUE AS QUADRINHAS SÃO POEMAS CURTOS FORMADOS POR QUATRO VERSOS. AGORA, É SUA VEZ DE ESCOLHER UMA QUADRINHA PARA RECITAR E PRODUZIR UM VÍDEO QUE SERÁ APRESENTADO AO PROFESSOR.

PLANEJAMENTO

1. PESQUISE UMA QUADRINHA EM *SITES* OU LIVROS, OU PERGUNTE A UM FAMILIAR.
2. COPIE A QUADRINHA EM UMA FOLHA DE PAPEL SULFITE.
3. REALIZE A LEITURA DA QUADRINHA EM VOZ ALTA VÁRIAS VEZES ATÉ DECORAR TODOS OS VERSOS. PRESTE ATENÇÃO NO RITMO E NAS RIMAS.
4. RECITE A QUADRINHA COM ENTONAÇÃO DIANTE DE UM ESPELHO E TENTE TRANSMITIR EMOÇÃO.

GRAVAÇÃO DE VÍDEO

1. ESCOLHA UM LOCAL ADEQUADO, SILENCIOSO E BEM ILUMINADO, PARA REALIZAR A GRAVAÇÃO. VOCÊ PODE UTILIZAR UMA FILMADORA, A CÂMERA DO COMPUTADOR OU DE UM CELULAR.
2. PARA TREINAR, RECITE NOVAMENTE A QUADRINHA, RESPEITANDO O RITMO. VOCÊ PODE USAR ACESSÓRIOS PARA DEIXAR SEU VÍDEO MAIS ATRAENTE.
3. PEÇA AJUDA A UM ADULTO PARA GRAVAR, ENQUANTO VOCÊ DECLAMA A QUADRINHA.
4. NO DIA COMBINADO, APRESENTE AO PROFESSOR O VÍDEO PRODUZIDO E, SE POSSÍVEL, COMPARTILHE COM OS COLEGAS DE CLASSE.

MÓDULO 2

LEITURA

PARLENDA

AS PARLENDAS SÃO TEXTOS CRIADOS PARA SEREM FALADOS E, POR ISSO, TÊM UM RITMO AGRADÁVEL. ELAS SÃO USADAS EM MUITAS BRINCADEIRAS E TAMBÉM SERVEM PARA ENSINAR.

A PARLENDA A SEGUIR É BEM CONHECIDA. OBSERVE A ILUSTRAÇÃO QUE A ACOMPANHA E IMAGINE DO QUE ELA TRATA.

SERÁ QUE VOCÊ JÁ CONHECE ESTA PARLENDA? LEIA E DESCUBRA!

O MACACO FOI À FEIRA
NÃO SABIA O QUE COMPRAR
COMPROU UMA CADEIRA
PARA A COMADRE SE SENTAR
A COMADRE SE SENTOU
A CADEIRA ESBORRACHOU
COITADA DA COMADRE
FOI PARAR NO CORREDOR.

DOMÍNIO PÚBLICO.

ESTUDO DO TEXTO

1. QUAL É O OBJETIVO DESSA PARLENDA? MARQUE UM **X** NA ALTERNATIVA CORRETA.

☐ MEMORIZAR NÚMEROS.

☐ DIVERTIR.

☐ MEMORIZAR AS LETRAS DO ALFABETO.

TREZE 13

2. RELEIA A PARLENDA E RESPONDA.

   A) AONDE O MACACO FOI?

   ☐ À ESCOLA.   ☐ À FESTA.   ☐ À FEIRA.

   - PINTE DE **VERDE** A PARTE DO TEXTO QUE CONFIRMA SUA RESPOSTA.

   B) O QUE ELE RESOLVEU COMPRAR?

   ☐ MUITAS FRUTAS.   ☐ UMA CADEIRA.

   - PINTE DE **AZUL** A PARTE DO TEXTO QUE CONFIRMA SUA RESPOSTA.

   C) PARA QUEM O MACACO ESCOLHEU COMPRAR O QUE COMPROU?

   ☐ PARA O JACARÉ.
   ☐ PARA A COMADRE.
   ☐ PARA ELE MESMO.

   - PINTE DE **LARANJA** A PARTE DO TEXTO QUE CONFIRMA SUA RESPOSTA.

   D) PARECE QUE O MACACO NÃO FEZ UMA BOA COMPRA, NÃO É MESMO? POR QUÊ?

   ☐ PORQUE A CADEIRA ERA MUITO CARA.
   ☐ PORQUE A CADEIRA QUEBROU.

3. GERALMENTE, AS PARLENDAS SÃO RIMADAS. ISSO AJUDA A MEMORIZAR A LETRA E DÁ RITMO À RECITAÇÃO.

   RELEIA A PARLENDA EM VOZ ALTA E LIGUE AS PALAVRAS QUE RIMAM.

FEIRA	ESBORRACHOU
COMPRAR	CADEIRA
SENTOU	SENTAR

ESTUDO DA LÍNGUA

ALFABETO

1. RELEIA ESTE TRECHO DA PARLENDA.

A COMADRE SE SENTOU
A CADEIRA ESBORRACHOU
COITADA DA COMADRE
FOI PARAR NO CORREDOR.

A) NESSE TRECHO, HÁ APENAS UMA PALAVRA QUE SE REPETE. COPIE ESSA PALAVRA NO QUADRO ABAIXO.

☐

B) PARA ESCREVER A PALAVRA ACIMA, VOCÊ USOU:

☐ DESENHOS.   ☐ NÚMEROS.   ☐ LETRAS.

C) COM QUAL LETRA COMEÇA A PALAVRA QUE VOCÊ ESCREVEU?

REGISTRE ESSA LETRA AQUI: ☐

D) PINTE, NO TRECHO DA PARLENDA, TODAS AS PALAVRAS QUE COMEÇAM COM A MESMA LETRA QUE VOCÊ REGISTROU NO ITEM ANTERIOR.

E) MARQUE ABAIXO UM **X** NA ALTERNATIVA CORRETA. NO TRECHO LIDO:

☐ APENAS DUAS PALAVRAS COMEÇAM COM A MESMA LETRA.

☐ MUITAS PALAVRAS COMEÇAM COM A MESMA LETRA.

2. VOCÊ OBSERVOU QUE OS SONS DAS PALAVRAS QUE FALAMOS SÃO REPRESENTADOS, NA ESCRITA, POR LETRAS. O CONJUNTO DE LETRAS DA LÍNGUA PORTUGUESA É CHAMADO **ALFABETO**.

VEJA TODAS AS LETRAS DO NOSSO ALFABETO.

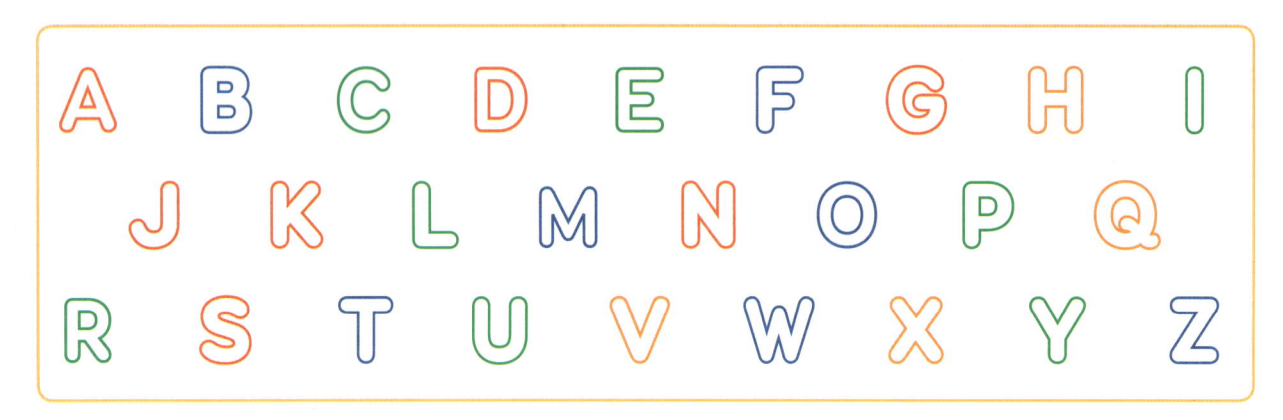

A B C D E F G H I
J K L M N O P Q
R S T U V W X Y Z

A) PINTE DE **VERDE** AS LETRAS QUE FORMAM A PALAVRA **COMADRE**.

B) QUANTAS LETRAS DIFERENTES VOCÊ PINTOU? _____ LETRAS.

C) USANDO AS LETRAS QUE VOCÊ PINTOU, FAÇA NOVAS COMBINAÇÕES E ESCREVA OUTRA PALAVRA.

DICA! NÃO PRECISA USAR TODAS AS LETRAS!

_____

3. OBSERVE ALGUMAS LETRAS DO ALFABETO DENTRO DESTE CESTO.

DESEMBARALHANDO ESSAS LETRAS, PODEMOS FORMAR UMA PALAVRA QUE APARECE NO TRECHO DA PARLENDA QUE VOCÊ RELEU NA ATIVIDADE **1**. QUE PALAVRA É ESSA? MARQUE UM **X** NA RESPOSTA CORRETA.

☐ MACACO.   ☐ CADEIRA.   ☐ CORREDOR.

ESTUDO DA LÍNGUA

ORDEM ALFABÉTICA

1. O QUE SERÁ QUE ACONTECEU COM ESTE ALFABETO? PARECE QUE QUATRO LETRAS ESTÃO FORA DO LUGAR. VEJA.

A B C J E F G H I
D K L M N O U Q
R S T P V W X Y Z

A) CIRCULE AS LETRAS QUE ESTÃO FORA DA ORDEM ALFABÉTICA.

B) ESCREVA ABAIXO TODO O ALFABETO, COLOCANDO AS QUATRO LETRAS NA POSIÇÃO CORRETA.

_____
_____
_____

C) AGORA CONTE: QUANTAS LETRAS O NOSSO ALFABETO TEM?
_____ LETRAS.

D) NO ALFABETO, QUANDO NÃO HÁ LETRAS FORA DO LUGAR, DIZEMOS QUE AS LETRAS ESTÃO EM **ORDEM ALFABÉTICA**. MARQUE UM **X** NA ALTERNATIVA CORRETA.

☐ ORDEM ALFABÉTICA É A SEQUÊNCIA EM QUE AS LETRAS APARECEM NAS PALAVRAS.

☐ ORDEM ALFABÉTICA É A SEQUÊNCIA EM QUE AS LETRAS APARECEM NO ALFABETO.

2. COMPLETE AS PALAVRAS ESCREVENDO AS LETRAS QUE ESTÃO FALTANDO. SIGA AS PISTAS E DESCUBRA O NOME DE ALGUNS ANIMAIS.

A) **PISTA**: USE A PRIMEIRA LETRA DO ALFABETO.

| | R | | R | |

B) **PISTA**: USE A TERCEIRA LETRA DO ALFABETO.

| | A | M | E | L | O |

C) **PISTA**: USE A SEGUNDA LETRA DO ALFABETO.

| | A | L | E | I | A |

D) AGORA, COMPLETE O QUADRO, ESCREVENDO EM ORDEM ALFABÉTICA O NOME DOS ANIMAIS QUE DESCOBRIU.

A_____   B_____   C_____

3. OBSERVE AS IMAGENS DE FRUTAS E LEIA CADA NOME.

| JABUTICABA | MAÇÃ | LARANJA | KIWI |

COMPLETE O QUADRO ABAIXO, ESCREVENDO O NOME DAS FRUTAS EM ORDEM ALFABÉTICA.

J_____   L_____
K_____   M_____

CALIGRAFIA

ALFABETO E ORDEM ALFABÉTICA

1. VAMOS COPIAR O ALFABETO USANDO LETRAS DE IMPRENSA?

2. COM UM LÁPIS, SIGA AS LINHAS PONTILHADAS PARA ESCREVER O ALFABETO NA VERSÃO CURSIVA.

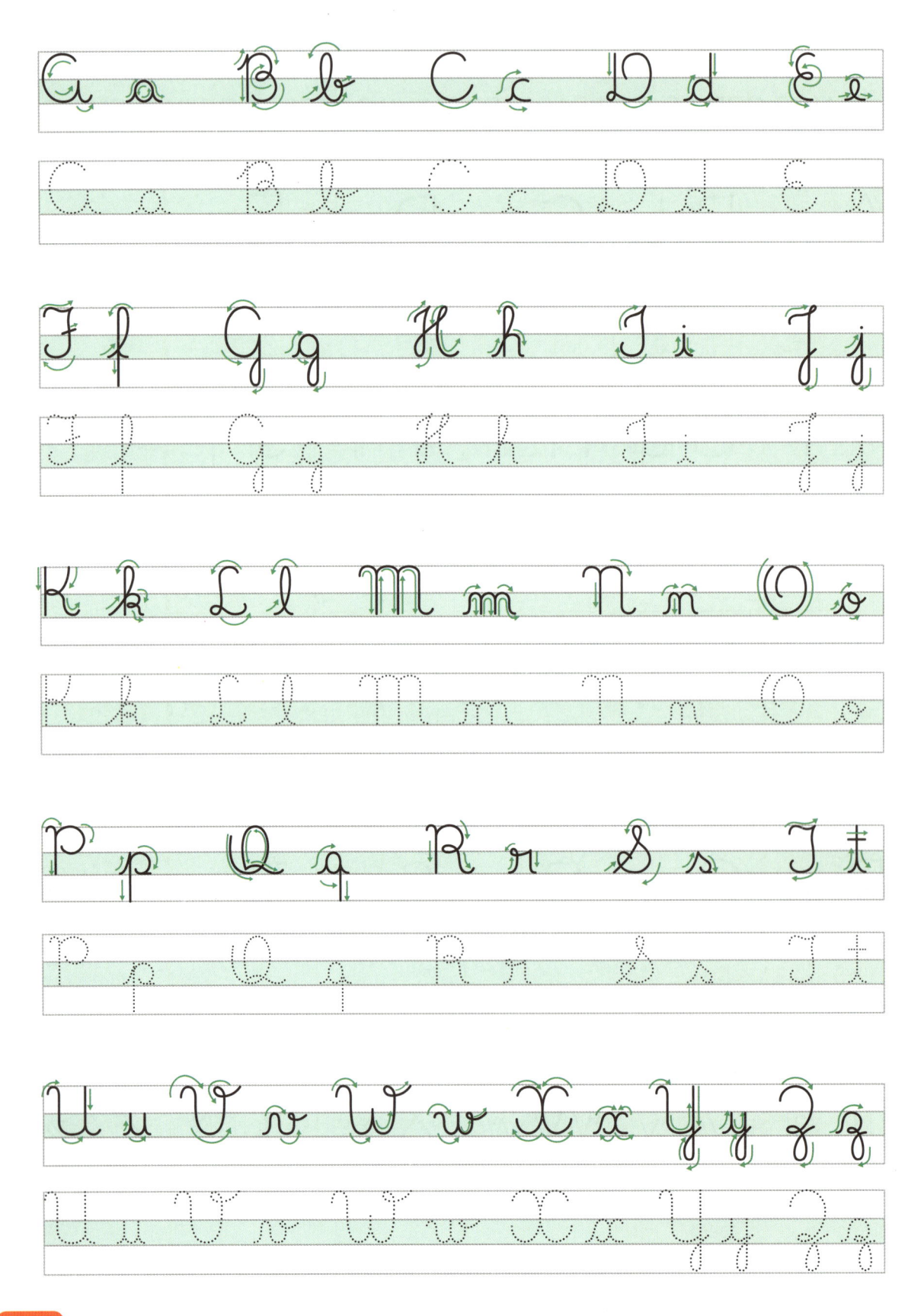

ORALIDADE

RECITAÇÃO DE PARLENDA

MUITAS CRIANÇAS GOSTAM DE BRINCAR, NÃO É MESMO? E AS BRINCADEIRAS PODEM SER DE DIVERSOS TIPOS.

NESTE CAPÍTULO, VOCÊ BRINCOU COM AS PALAVRAS E APRENDEU QUE AS PARLENDAS SÃO TEXTOS DIVERTIDOS DA TRADIÇÃO ORAL. VIU TAMBÉM QUE, ASSIM COMO AS QUADRINHAS, AS PARLENDAS PODEM SER RECITADAS.

AGORA, VOCÊ VAI CONHECER OUTRAS PARLENDAS POPULARES. ESCOLHA UMA PARA MEMORIZAR E RECITAR PARA OS FAMILIARES OU COLEGAS DA ESCOLA.

MEIO-DIA
MACACO ASSOBIA
PANELA NO FOGO
BARRIGA VAZIA.

DOMÍNIO PÚBLICO.

QUEM COCHICHA
O RABO ESPICHA
COME PÃO
COM LAGARTIXA.

DOMÍNIO PÚBLICO.

PLANEJAMENTO

1. ESCOLHA A PARLENDA DE QUE MAIS GOSTOU.
2. LEIA VÁRIAS VEZES A PARLENDA ESCOLHIDA, TENTANDO MEMORIZAR O TEXTO.
3. PINTE, NO TEXTO, AS PALAVRAS QUE ACHAR MAIS IMPORTANTES. VOCÊ DEVE PRONUNCIAR ESSAS PALAVRAS COM MAIS ÊNFASE NA HORA DA RECITAÇÃO!
4. TESTE DIFERENTES RITMOS NA LEITURA, BRINCANDO DE LER MAIS RÁPIDO OU MAIS DEVAGAR, POR EXEMPLO, E SELECIONE O QUE ACHAR MAIS ADEQUADO.
5. EXPERIMENTE ENTONAÇÕES DIVERSAS E ESCOLHA A QUE MAIS GOSTAR.
6. FALE AS PALAVRAS DEVAGAR, PRONUNCIANDO TODAS CORRETAMENTE.
7. SE FOR POSSÍVEL, GRAVE SUA RECITAÇÃO E OUÇA O ÁUDIO DEPOIS. ASSIM, VOCÊ VAI PODER CONFERIR SE TEM ALGO QUE PODE SER MELHORADO.

RECITAÇÃO

QUANDO SE SENTIR PREPARADO, RECITE A PARLENDA PARA UM FAMILIAR OU UM COLEGA DA ESCOLA.

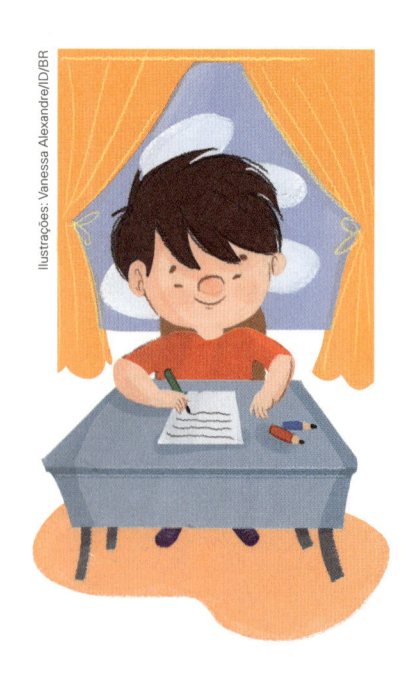

Ilustrações: Vanessa Alexandre/ID/BR

MÓDULO 3

LEITURA

POEMA ACUMULATIVO

OBSERVE A ILUSTRAÇÃO QUE ACOMPANHA O POEMA A SEGUIR. COM BASE NELA, IMAGINE DE QUE TEMA O TEXTO VAI TRATAR.

DEPOIS, LEIA O POEMA COM ATENÇÃO. SERÁ QUE AQUILO QUE VOCÊ IMAGINOU VAI SE CONFIRMAR?

POEMA ACUMULATIVO

ESTE É O HOMEM
   E ESTA É A CASA
   – QUE O HOMEM CONSTRUIU.

ESTE É O TRIGO
   – QUE ESTÁ NA CASA
   QUE O HOMEM CONSTRUIU.

ESTE É O RATO
   – QUE ROEU O TRIGO
   QUE ESTÁ NA CASA
   QUE O HOMEM CONSTRUIU.

ESTE É O GATO
   – QUE COMEU O RATO
   QUE ROEU O TRIGO
   QUE ESTÁ NA CASA
   QUE O HOMEM CONSTRUIU.

ESTE É O CÃO
   – QUE MORDEU O GATO
   QUE COMEU O RATO
   QUE ROEU O TRIGO
   QUE ESTÁ NA CASA
   QUE O HOMEM CONSTRUIU.
[...]

AFFONSO ROMANO DE SANT'ANNA. POEMA ACUMULATIVO. EM: *TRAÇO DE POETA*. SÃO PAULO: GLOBAL, 2006. P. 37.

ESTUDO DO TEXTO

1. O TEXTO QUE VOCÊ LEU É UM **POEMA ACUMULATIVO**. EM POEMAS COMO ESSE, ALGUMAS PARTES SE REPETEM, E OUTRAS VÃO SENDO ACRESCENTADAS.

   NO POEMA LIDO, A CADA PARTE, UMA NOVA PERSONAGEM APARECE. DE QUAL DESSAS PERSONAGENS VOCÊ MAIS GOSTOU? PINTE O NOME DELA USANDO SUA COR PREFERIDA.

   | RATO | HOMEM | CÃO | TRIGO | GATO |

2. NUMERE AS PERSONAGENS NA ORDEM EM QUE ELAS APARECEM NO POEMA.

   | RATO | HOMEM | CÃO | TRIGO | GATO |

   Ilustrações: Vanessa Alexandre/ID/BR

3. CHEGOU SUA VEZ DE ACRESCENTAR MAIS UMA PARTE AO POEMA!

   A) PARA ISSO, ESCOLHA UMA NOVA PERSONAGEM.

   ESTA É A

   ☐ ZEBRA   ☐ ARARA   ☐ LONTRA

   B) DEFINA O QUE ESSA PERSONAGEM FEZ COM O CÃO.

   — QUE

   ☐ LAMBEU O CÃO.   ☐ BICOU O CÃO.   ☐ ASSUSTOU O CÃO.

   C) LEIA EM VOZ ALTA O TRECHO FINAL DO POEMA, ACRESCENTANDO A PARTE QUE VOCÊ CRIOU.

   > **DICA!**
   > PARA COMEÇAR, APRESENTE SUA PERSONAGEM E DIGA O QUE ELA FEZ COM O CÃO. DEPOIS, APRESENTE O CÃO E DIGA O QUE ELE FEZ COM O GATO. SIGA ASSIM, ACRESCENTANDO AS DEMAIS PERSONAGENS, ATÉ CHEGAR AO HOMEM.

ESTUDO DA LÍNGUA

LETRAS E SONS

1. LEIA O POEMA "BELASCORES", DE ELIAS JOSÉ.

   BELASCORES

   A BORBOLETA BELASCORES
   BAILA, BRINCA E BRILHA
   COM TANTOS RISCOS,
   COM TANTAS CORES.

   QUANDO CESSA O BAILADO,
   ELA POUSA E OLHA DE LADO.
   E SE SENTE MUITO OLHADA
   E SE SENTE MUITO AMADA.

   E, POR DENTRO, DÁ RISADA.

   ELIAS JOSÉ. *UM JEITO BOM DE BRINCAR*. SÃO PAULO: FTD, 2002. P. 36.

   A) ESCREVA O NOME DA BORBOLETA DO POEMA.

   B) NO NOME DESSA BORBOLETA, ENCONTRAMOS DUAS PALAVRAS QUE FORAM ESCRITAS JUNTAS. QUAIS SÃO? ESCREVA ESSAS PALAVRAS.

   C) NO POEMA, HÁ MAIS UMA PALAVRA NA QUAL PODEMOS ENCONTRAR OUTRA. PINTE UMA PALAVRA QUE ESTÁ ESCONDIDA EM **BAILADO**.

2. LEIA EM VOZ ALTA ESTAS PALAVRAS QUE FORAM RETIRADAS DO POEMA.

   DENTRO   AMADA   RISADA   OLHADA

   QUAIS DELAS **TERMINAM COM O MESMO SOM**? PINTE ESSAS PALAVRAS DE **VERDE**.

ESTUDO DA LÍNGUA

VOGAIS E CONSOANTES

1. RECITE O ALFABETO.

A B C D E F G
H I J K L M N
O P Q R S T U
V W X Y Z

A) PINTE DE **AZUL** SOMENTE AS **VOGAIS**.

B) AGORA, PINTE TODAS AS **CONSOANTES** USANDO OUTRA COR.

2. CIRCULE, NO ALFABETO DA ATIVIDADE **1**, AS LETRAS QUE FORMAM A PALAVRA **BORBOLETA**. EM SEGUIDA, ESCREVA ESSA PALAVRA ABAIXO.

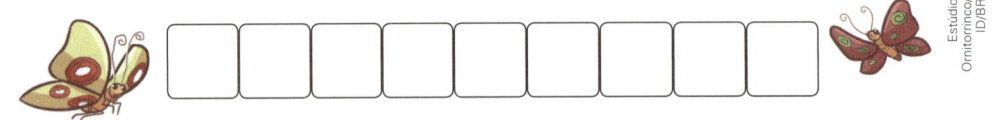

A) NOS QUADRINHOS ACIMA, PINTE DE **AZUL** AS **VOGAIS** QUE FORMAM A PALAVRA **BORBOLETA**.

- QUAL VOGAL SE REPETE NESSA PALAVRA?

B) AGORA, PINTE DE **VERDE** AS **CONSOANTES** QUE FORMAM A PALAVRA **BORBOLETA**.

- QUAL CONSOANTE SE REPETE NESSA PALAVRA?

CALIGRAFIA

VOGAIS

1. COM UM LÁPIS, SIGA AS LINHAS PONTILHADAS PARA ESCREVER A LETRA **A** MAIÚSCULA DE IMPRENSA, MINÚSCULA DE IMPRENSA, MAIÚSCULA CURSIVA E MINÚSCULA CURSIVA.

2. COM UM LÁPIS, SIGA AS LINHAS PONTILHADAS PARA ESCREVER A LETRA **I** MAIÚSCULA DE IMPRENSA, MINÚSCULA DE IMPRENSA, MAIÚSCULA CURSIVA E MINÚSCULA CURSIVA.

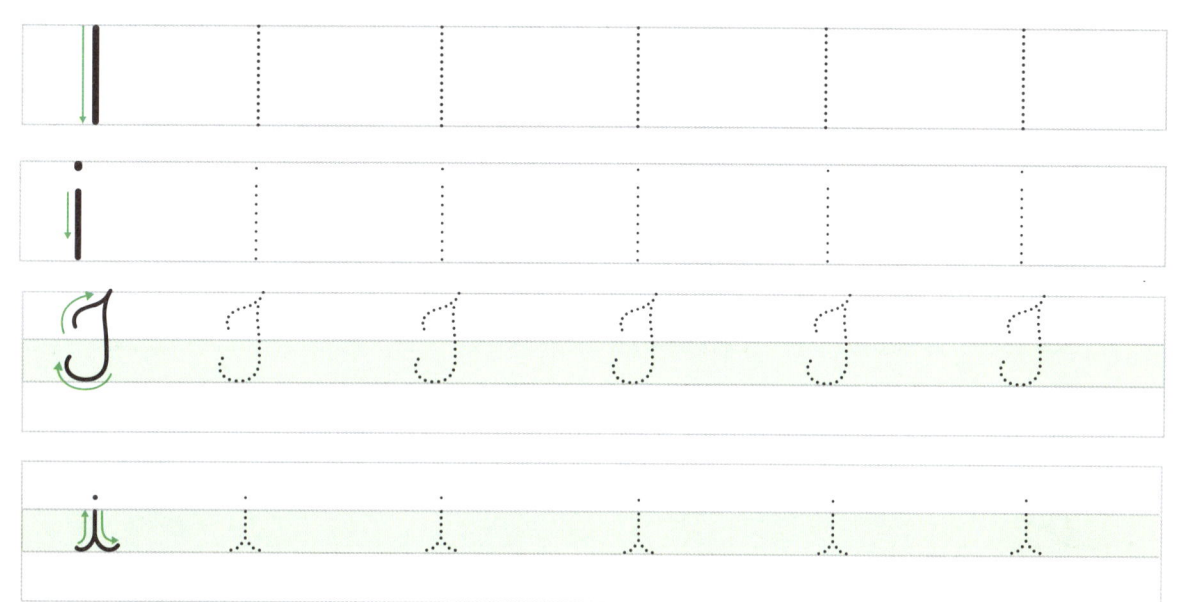

VINTE E SETE 27

3. COM UM LÁPIS, SIGA AS LINHAS PONTILHADAS PARA ESCREVER A LETRA **U** MAIÚSCULA DE IMPRENSA, MINÚSCULA DE IMPRENSA, MAIÚSCULA CURSIVA E MINÚSCULA CURSIVA.

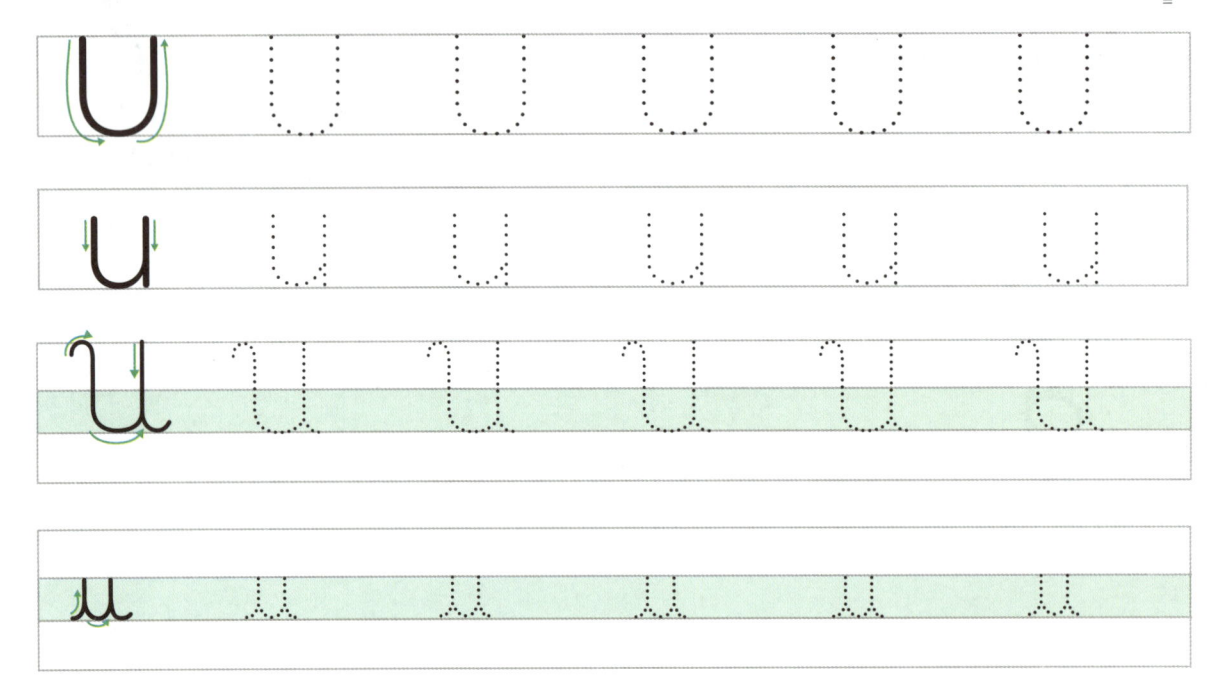

4. COM UM LÁPIS, SIGA AS LINHAS PONTILHADAS PARA ESCREVER A LETRA **E** MAIÚSCULA DE IMPRENSA, MINÚSCULA DE IMPRENSA, MAIÚSCULA CURSIVA E MINÚSCULA CURSIVA.

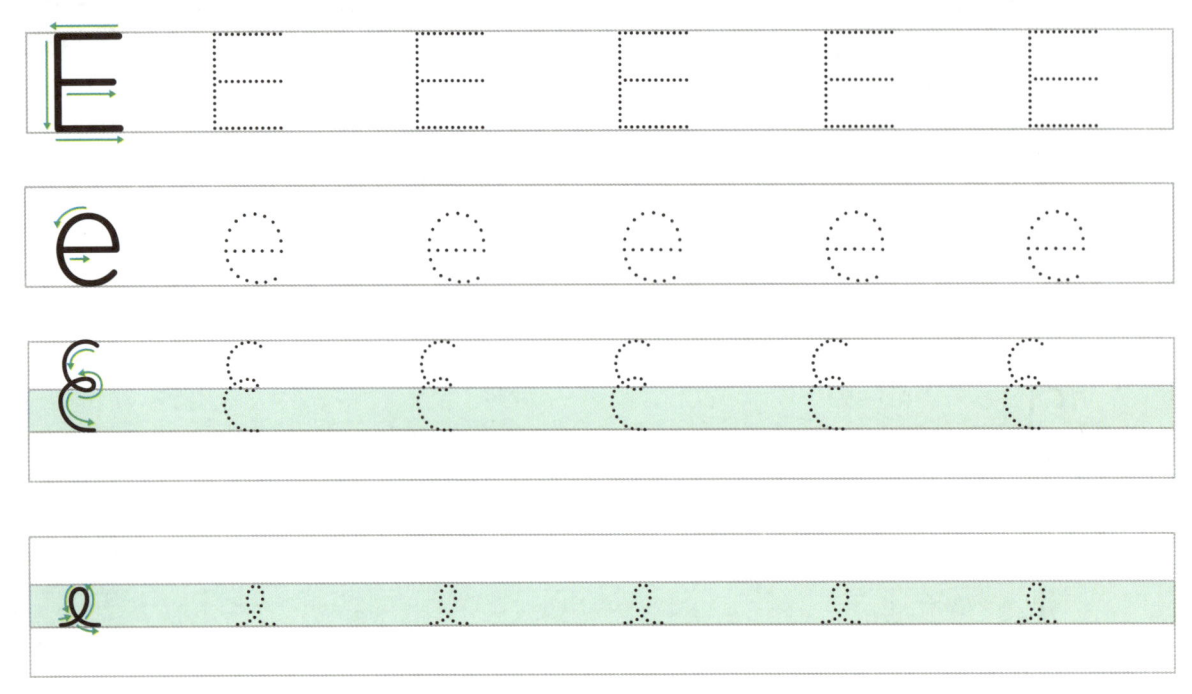

MÓDULO 3

5. COM UM LÁPIS, SIGA AS LINHAS PONTILHADAS PARA ESCREVER A LETRA **O** MAIÚSCULA DE IMPRENSA, MINÚSCULA DE IMPRENSA, MAIÚSCULA CURSIVA E MINÚSCULA CURSIVA.

LETRA L

1. COM UM LÁPIS, SIGA AS LINHAS PONTILHADAS PARA ESCREVER A LETRA **L** MAIÚSCULA DE IMPRENSA, MINÚSCULA DE IMPRENSA, MAIÚSCULA CURSIVA E MINÚSCULA CURSIVA.

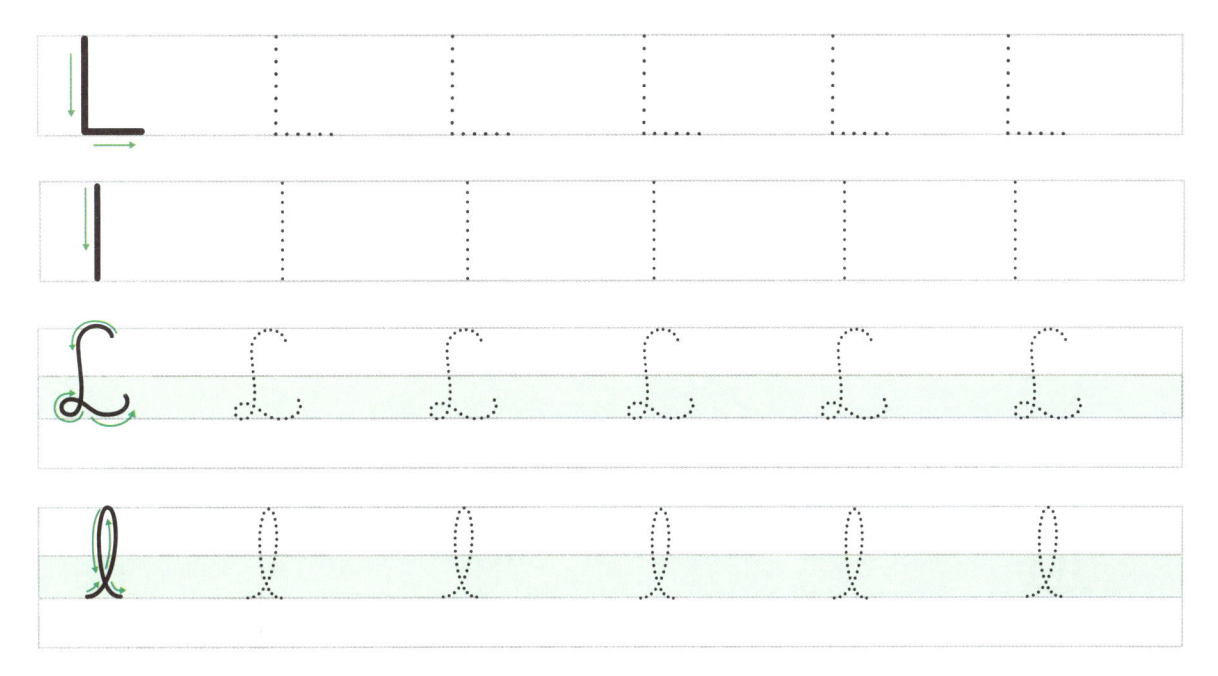

VINTE E NOVE

LETRAS F E V

1. COM UM LÁPIS, SIGA AS LINHAS PONTILHADAS PARA ESCREVER A LETRA **F** MAIÚSCULA DE IMPRENSA, MINÚSCULA DE IMPRENSA, MAIÚSCULA CURSIVA E MINÚSCULA CURSIVA.

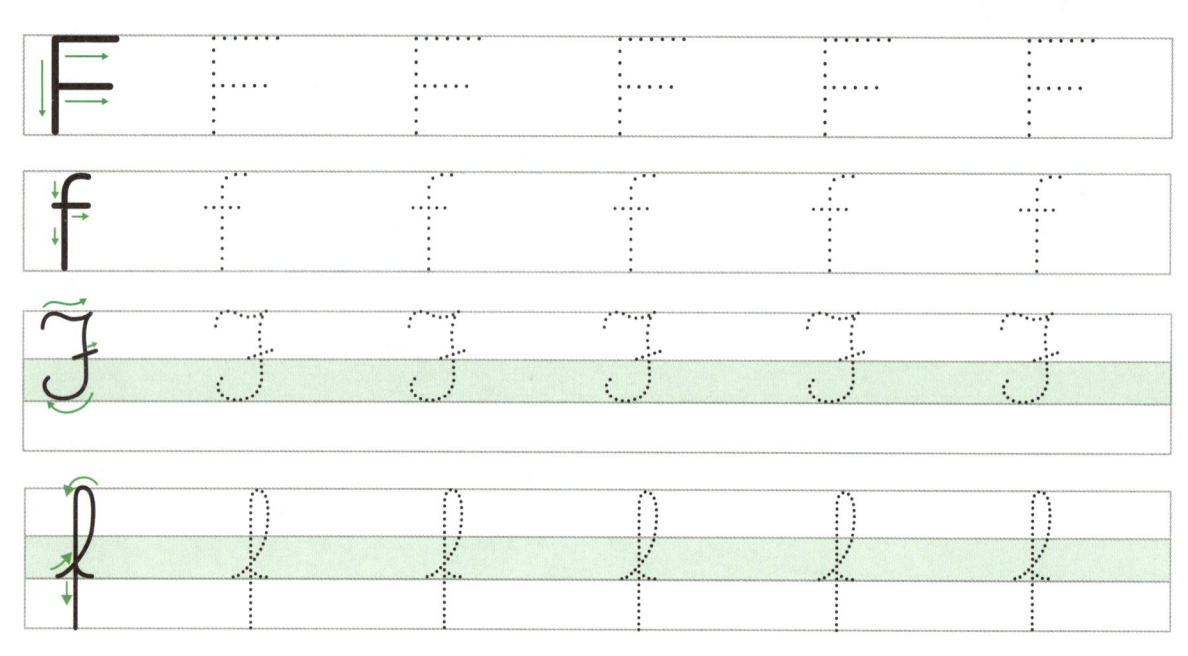

2. COM UM LÁPIS, SIGA AS LINHAS PONTILHADAS PARA ESCREVER A LETRA **V** MAIÚSCULA DE IMPRENSA, MINÚSCULA DE IMPRENSA, MAIÚSCULA CURSIVA E MINÚSCULA CURSIVA.

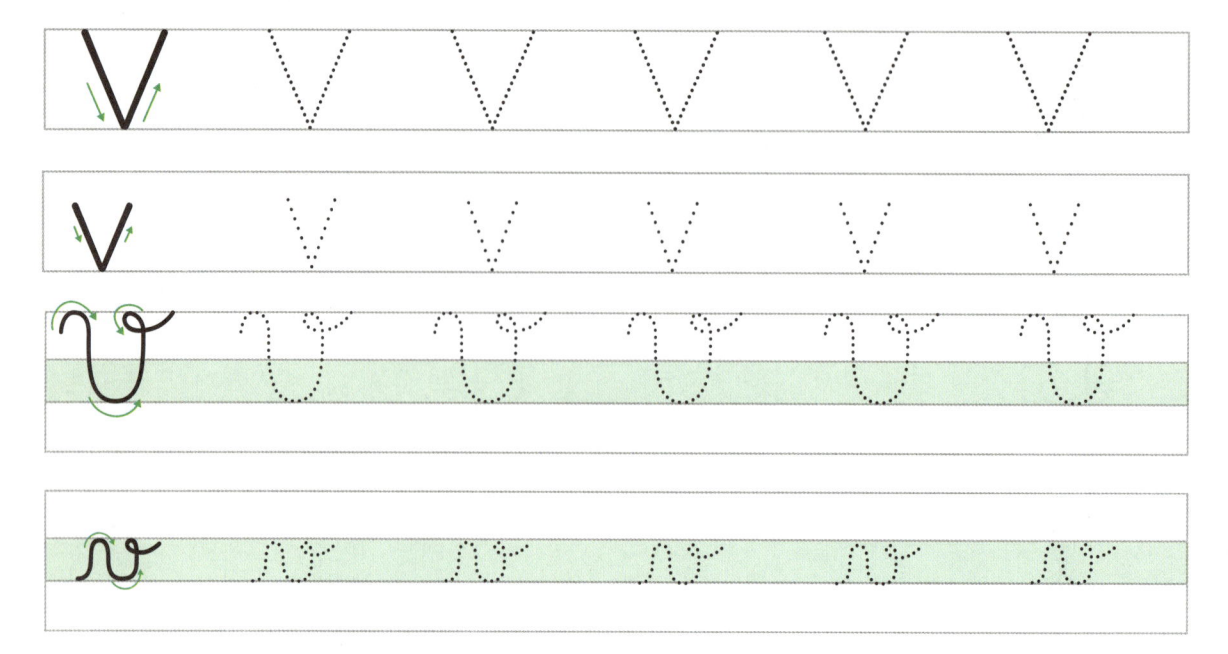

ESCRITA

CANTIGA ACUMULATIVA

LEIA OUTRO TEXTO ACUMULATIVO. AGORA, TRATA-SE DE UMA CANTIGA, NÃO DE OUTRO POEMA.

A VELHA A FIAR

ESTAVA A VELHA EM SEU LUGAR.
VEIO UMA MOSCA LHE INCOMODAR.
A MOSCA NA VELHA,
E A VELHA A FIAR.

ESTAVA A MOSCA EM SEU LUGAR.
VEIO UMA ARANHA LHE INCOMODAR.
A ARANHA NA MOSCA,
A MOSCA NA VELHA,
E A VELHA A FIAR.

ESTAVA A ARANHA EM SEU LUGAR.
VEIO UM RATO LHE INCOMODAR.
O RATO NA ARANHA,
A ARANHA NA MOSCA,
A MOSCA NA VELHA,
E A VELHA A FIAR.

ESTAVA O RATO EM SEU LUGAR.
VEIO UM GATO LHE INCOMODAR.
O GATO NO RATO,
O RATO NA ARANHA,
A ARANHA NA MOSCA,
A MOSCA NA VELHA,
E A VELHA A FIAR.

DOMÍNIO PÚBLICO.

1. CIRCULE OS VERSOS QUE SE REPETEM EM TODAS AS PARTES DA CANTIGA.

   O QUE A PRIMEIRA PERSONAGEM QUE APARECE NA CANTIGA ESTAVA FAZENDO? MARQUE UM **X** NA RESPOSTA.

   ☐ COSTURANDO.   ☐ FIANDO.   ☐ CANTANDO.

2. AGORA, VOCÊ VAI INVENTAR MAIS UMA PARTE PARA A CANTIGA. DEPOIS, PODERÁ SE DIVERTIR CANTANDO SUA VERSÃO DE "A VELHA A FIAR".

   A) ESCOLHA A PERSONAGEM QUE VAI APARECER PARA INCOMODAR O GATO. PODE SER OUTRO ANIMAL, UM OBJETO, UMA PESSOA OU MESMO UM SER IMAGINÁRIO. ABAIXO, ESCREVA O NOME DELA.

   _____

   B) COMPLETE O TRECHO DA CANTIGA ESCREVENDO O NOME DA PERSONAGEM QUE VOCÊ ESCOLHEU.

   MINHA VERSÃO

   ESTAVA O GATO EM SEU LUGAR.
   VEIO _____ LHE INCOMODAR.
   _____ NO GATO,
   O GATO NO RATO,
   O RATO NA ARANHA,
   A ARANHA NA MOSCA,
   A MOSCA NA VELHA,
   E A VELHA A FIAR.

   C) RELEIA A VERSÃO QUE VOCÊ CRIOU E APROVEITE PARA REVISAR A ESCRITA DAS PALAVRAS ACRESCENTADAS. SE POSSÍVEL, CANTE A CANTIGA PARA CONFERIR SE O RITMO ESTÁ ADEQUADO.

MÓDULO 4

LEITURA

CONVITE

CHAPEUZINHO VERMELHO ESTÁ ORGANIZANDO UMA FESTA PARA SUA AVÓ.

LEIA O TEXTO QUE ELA ESCREVEU PARA ENVIAR ÀS PESSOAS QUE VAI CHAMAR PARA A FESTA.

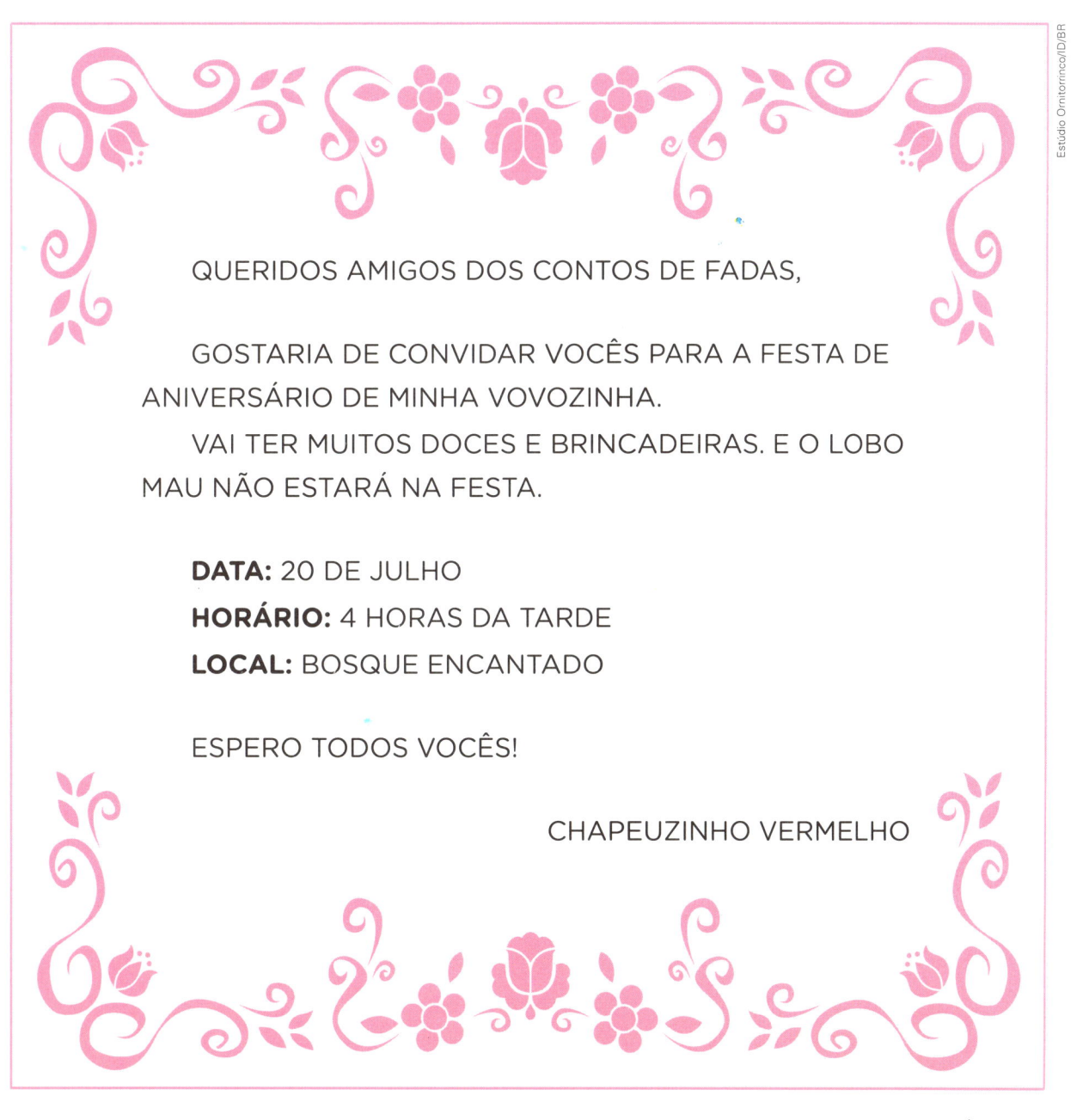

QUERIDOS AMIGOS DOS CONTOS DE FADAS,

GOSTARIA DE CONVIDAR VOCÊS PARA A FESTA DE ANIVERSÁRIO DE MINHA VOVOZINHA.

VAI TER MUITOS DOCES E BRINCADEIRAS. E O LOBO MAU NÃO ESTARÁ NA FESTA.

DATA: 20 DE JULHO
HORÁRIO: 4 HORAS DA TARDE
LOCAL: BOSQUE ENCANTADO

ESPERO TODOS VOCÊS!

CHAPEUZINHO VERMELHO

ELABORADO PARA FINS DIDÁTICOS.

ESTUDO DO TEXTO

1. COMO É CHAMADO ESSE TIPO DE TEXTO QUE VOCÊ ACABOU DE LER?

    ☐ PARLENDA. ☐ POEMA. ☐ CONVITE.

2. EM QUAIS SITUAÇÕES ESSES TEXTOS SÃO ESCRITOS?

    ☐ QUANDO VAMOS LISTAR O QUE PRECISAMOS COMPRAR NO SUPERMERCADO.

    ☐ QUANDO QUEREMOS CONVIDAR ALGUÉM PARA ALGO, COMO UMA FESTA OU UM ENCONTRO.

    ☐ QUANDO PRECISAMOS COMUNICAR QUE NÃO VAMOS À AULA.

3. QUAL PERSONAGEM ESCREVEU E ENVIOU O CONVITE QUE VOCÊ LEU? CIRCULE A IMAGEM QUE A REPRESENTA.

4. O CONVITE FOI ENVIADO PARA:

    ☐ A VOVOZINHA.

    ☐ A CHAPEUZINHO VERMELHO.

    ☐ AS PERSONAGENS DOS CONTOS DE FADAS.

5. DAS PERSONAGENS ABAIXO, APENAS UMA FOI CONVIDADA PARA O ANIVERSÁRIO DA VOVOZINHA. PINTE ESSA PERSONAGEM.

6. QUANDO ESCREVEMOS UM CONVITE, PRECISAMOS INFORMAR TODOS OS DADOS DA FESTA OU DO EVENTO QUE ORGANIZAMOS.

A) VOLTE AO CONVITE QUE A CHAPEUZINHO ESCREVEU E VEJA SE ELA INFORMOU TODOS OS DADOS DA FESTA AOS CONVIDADOS. PARA CONFERIR, PINTE:

- DE **VERDE** A **DATA** DA FESTA.
- DE **AZUL** O **HORÁRIO** DA FESTA.
- DE **LARANJA** O **LOCAL** DA FESTA.

B) EM SUA OPINIÃO, A CHAPEUZINHO ESQUECEU DE INFORMAR ALGO AOS CONVIDADOS? CASO TENHA ESQUECIDO, O QUÊ?

_____

7. AGORA, LEIA O CONVITE QUE O PRÍNCIPE ENCANTADO ESCREVEU PARA A CINDERELA.

> CINDERELA,
>
> CONVIDO VOCÊ PARA EXPERIMENTAR O SAPATINHO DE CRISTAL QUE ENCONTREI NA SAÍDA DO BAILE ONTEM. POR FAVOR, NÃO DEIXE DE COMPARECER.
>
> PRÍNCIPE ENCANTADO

ELABORADO PARA FINS DIDÁTICOS.

A) O PRÍNCIPE INFORMOU CORRETAMENTE:

- A **DATA** DO ENCONTRO? ☐ SIM ☐ NÃO
- O **HORÁRIO** DO ENCONTRO? ☐ SIM ☐ NÃO
- O **LOCAL** DO ENCONTRO? ☐ SIM ☐ NÃO

B) COM AS INFORMAÇÕES DO CONVITE, A CINDERELA VAI CONSEGUIR ENCONTRAR O PRÍNCIPE ENCANTADO?

☐ SIM ☐ NÃO

TRINTA E CINCO

ESTUDO DA LÍNGUA

SÍLABAS

1. LEIA, EM VOZ ALTA E PAUSADAMENTE, O NOME DA PRINCESA QUE RECEBEU O CONVITE DO PRÍNCIPE ENCANTADO.

   CINDERELA

   A) AO PRONUNCIAR ESSE NOME, VOCÊ REPAROU QUE ELE PARECE TER SIDO DIVIDIDO EM PARTES SONORAS MENORES? ESCREVA ABAIXO CADA PARTE DO NOME FALADO.

   ☐ ☐ ☐ ☐

   B) AGORA, É HORA DE CONTAR! EM QUANTAS PARTES O NOME **CINDERELA** FOI DIVIDIDO?

   ☐ 2 PARTES.   ☐ 3 PARTES.   ☐ 4 PARTES.

   C) CADA UMA DESSAS PARTES É CHAMADA DE **SÍLABA**. QUANTAS SÍLABAS, ENTÃO, TEM O NOME **CINDERELA**?

   ☐ 2 SÍLABAS.   ☐ 3 SÍLABAS.   ☐ 4 SÍLABAS.

   D) NO ITEM **A**, PINTE A SÍLABA QUE APRESENTA MAIS LETRAS.

2. A SEGUIR, VOCÊ VAI RELER ALGUMAS PALAVRAS QUE APARECERAM NOS CONVITES DA SEÇÃO *LEITURA*. DEPOIS, VAI SEPARAR AS SÍLABAS QUE COMPÕEM ESSAS PALAVRAS E AS LETRAS QUE FORMAM CADA SÍLABA. PARA SEPARAR LETRAS E SÍLABAS, VEJA A INDICAÇÃO ABAIXO.

   > ESCREVA NOS QUADRINHOS **VERDES** AS SÍLABAS DE CADA PALAVRA.

   > ESCREVA NOS QUADRINHOS **VERMELHOS** AS LETRAS DE CADA SÍLABA.

MÓDULO 4

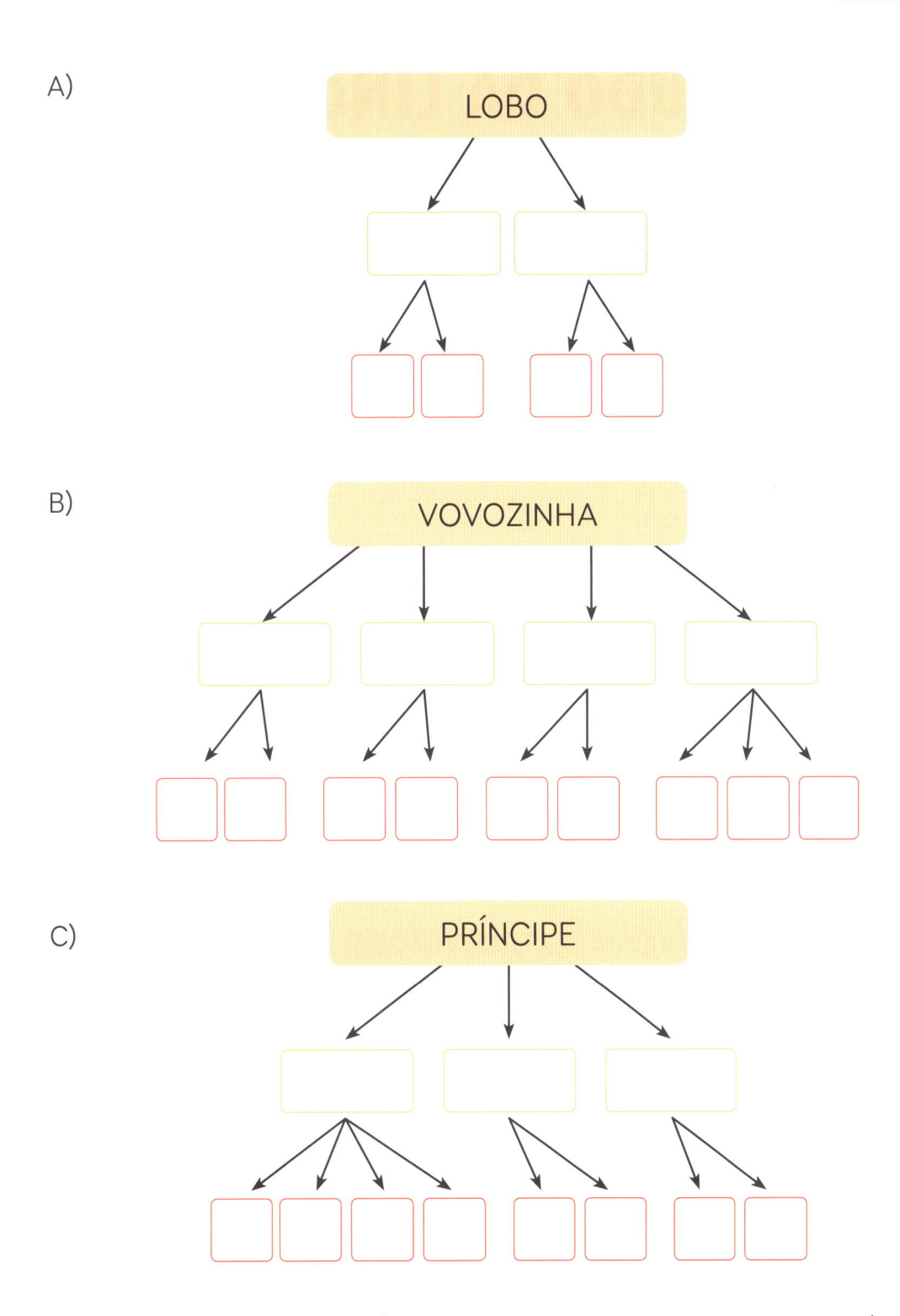

A) LOBO

B) VOVOZINHA

C) PRÍNCIPE

- QUAL DESSAS TRÊS PALAVRAS APRESENTA MAIS SÍLABAS?

_____

- DESSAS TRÊS PALAVRAS, QUAL SÍLABA APRESENTA MAIS LETRAS?

_____

TRINTA E SETE 37

ESTUDO DA LÍNGUA

AS LETRAS F, V, P, B, D, T

1. QUANDO ESCREVEMOS UMA PALAVRA, PRECISAMOS PRESTAR ATENÇÃO EM CADA LETRA. TROCAR UMA ÚNICA LETRA DE UMA PALAVRA PODE MUDAR O SIGNIFICADO DELA. VEJA.

A) COMPLETE A PALAVRA COM A LETRA **V**.

☐ A C A

B) AGORA, COMPLETE A PALAVRA COM A LETRA **F**.

☐ A C A

C) AS DUAS PALAVRAS FORMADAS SÃO IGUAIS?
☐ SIM ☐ NÃO

D) OS SONS REPRESENTADOS PELAS LETRAS **F** E **V** SÃO IGUAIS?
☐ SIM ☐ NÃO

2. AGORA, VAMOS BRINCAR DE TROCAR LETRAS PARA FORMAR NOVAS PALAVRAS.

A) TROCANDO O **P** POR **B** NO COMEÇO DA PALAVRA:

P ☐ ☐ ☐ ☐ VIRA B ☐ ☐ ☐ ☐

B) TROCANDO O **D** POR **T** NO MEIO DA PALAVRA:

Q ☐ D ☐ ☐ VIRA Q ☐ ☐ T ☐ ☐

CALIGRAFIA

LETRAS P E B

1. COM UM LÁPIS, SIGA AS LINHAS PONTILHADAS PARA ESCREVER A LETRA **P** MAIÚSCULA DE IMPRENSA, MINÚSCULA DE IMPRENSA, MAIÚSCULA CURSIVA E MINÚSCULA CURSIVA.

2. COM UM LÁPIS, SIGA AS LINHAS PONTILHADAS PARA ESCREVER A LETRA **B** MAIÚSCULA DE IMPRENSA, MINÚSCULA DE IMPRENSA, MAIÚSCULA CURSIVA E MINÚSCULA CURSIVA.

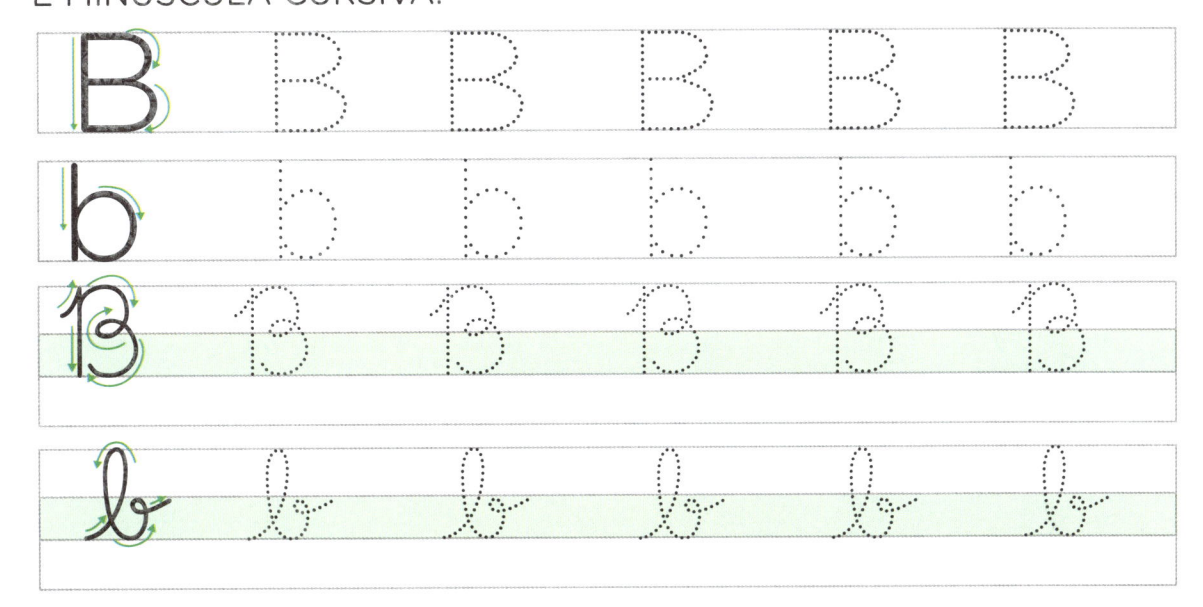

TRINTA E NOVE

LETRAS T E D

1. COM UM LÁPIS, SIGA AS LINHAS PONTILHADAS PARA ESCREVER A LETRA **T** MAIÚSCULA DE IMPRENSA, MINÚSCULA DE IMPRENSA, MAIÚSCULA CURSIVA E MINÚSCULA CURSIVA.

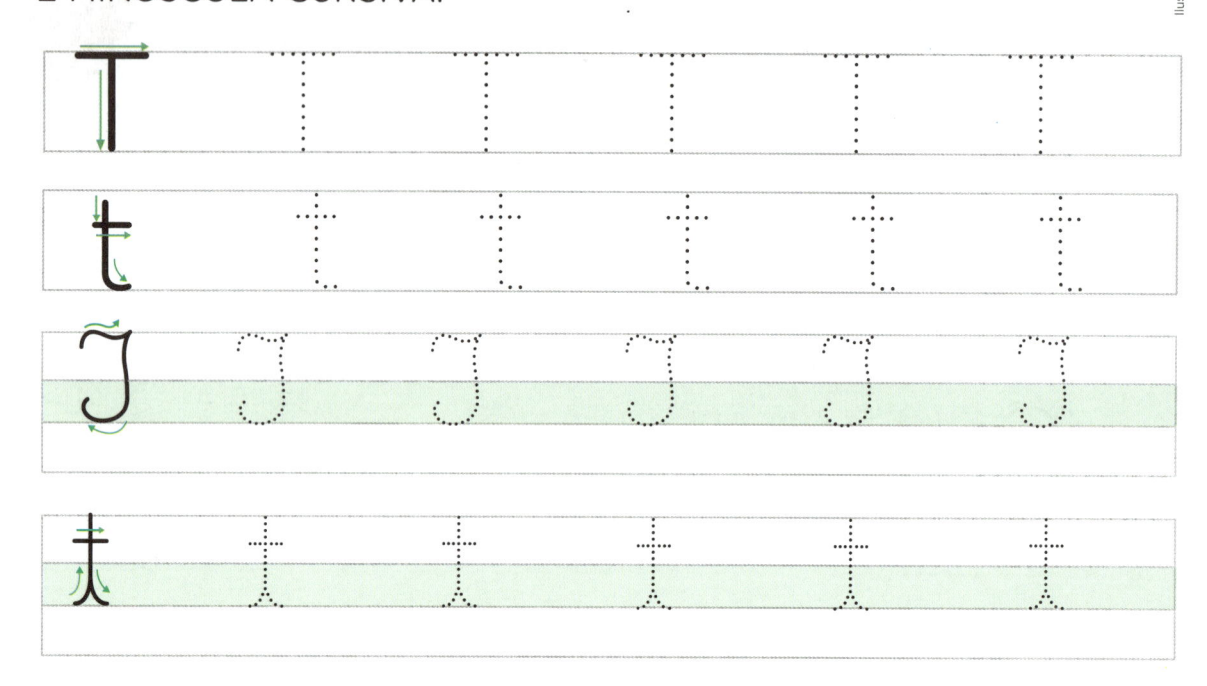

2. COM UM LÁPIS, SIGA AS LINHAS PONTILHADAS PARA ESCREVER A LETRA **D** MAIÚSCULA DE IMPRENSA, MINÚSCULA DE IMPRENSA, MAIÚSCULA CURSIVA E MINÚSCULA CURSIVA.

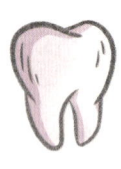

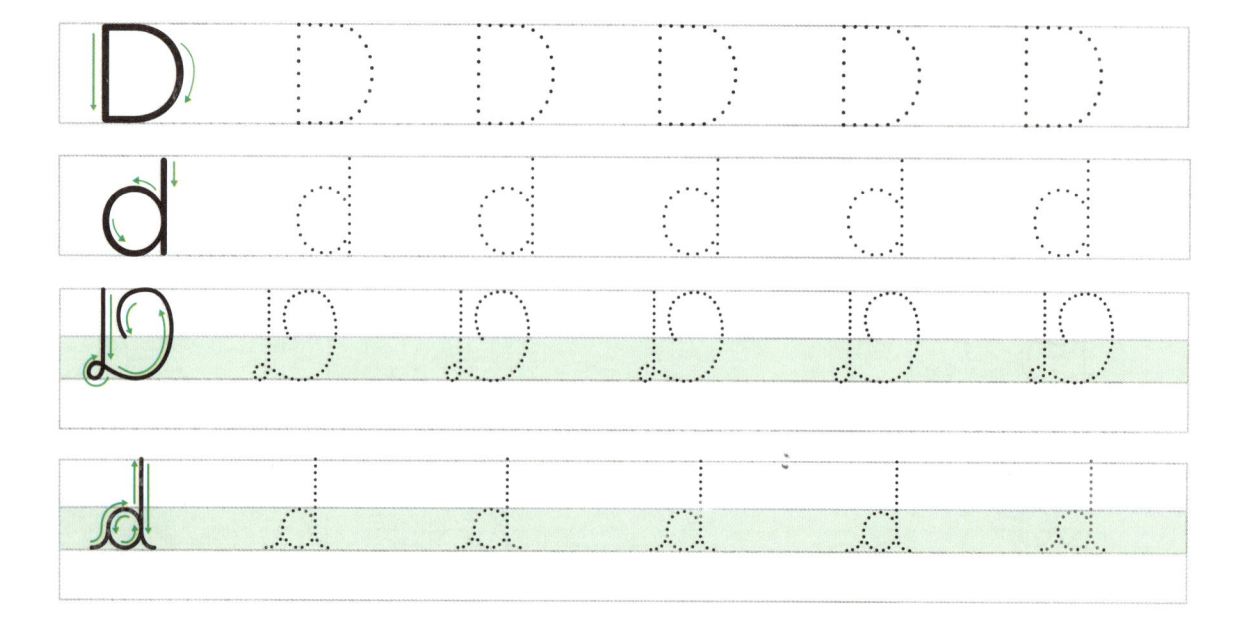

QUARENTA

ESCRITA

CONVITE

VOCÊ CONHECE A HISTÓRIA DOS TRÊS PORQUINHOS?

NESSA HISTÓRIA, CADA UM DOS TRÊS PORQUINHOS CONSTRÓI UMA CASA PARA SE ESCONDER DO LOBO MAU.

MAS O LOBO CONSEGUE DESTRUIR DUAS DESSAS CASAS: A DE PALHA E A DE MADEIRA. A CASA DE TIJOLO É A ÚNICA QUE RESISTE AOS ASSOPRÕES DO LOBO MAU.

COMO DOIS PORQUINHOS FICARAM SEM CASA, ELES DECIDIRAM MARCAR UM ENCONTRO COM A FINALIDADE DE PEDIR AJUDA PARA RECONSTRUIR SUAS CASAS.

VAMOS ESCREVER COM ELES O CONVITE PARA ESSE ENCONTRO?

PARA COMEÇAR, ESCOLHA AS INFORMAÇÕES DO CONVITE, MARCANDO UM **X** NAS ALTERNATIVAS ABAIXO. VOCÊ PODE ESCOLHER ENTRE AS ALTERNATIVAS PRONTAS OU CRIAR E SELECIONAR SUA SUA PRÓPRIA ALTERNATIVA.

1. QUEM SERÃO OS CONVIDADOS PARA O ENCONTRO?
- ☐ OS ANIMAIS DA FLORESTA.
- ☐ AS PESSOAS QUE MORAM PERTO DA FLORESTA.
- ☐ AS PERSONAGENS DOS CONTOS DE FADAS.
- ☐ SUA ALTERNATIVA: _____

2. EM QUE DATA O ENCONTRO SERÁ REALIZADO?
- ☐ 30 DE JANEIRO.
- ☐ 28 DE MARÇO.
- ☐ 20 DE DEZEMBRO.
- ☐ SUA ALTERNATIVA: _____

3. QUAL SERÁ O HORÁRIO DO ENCONTRO COM OS AMIGOS?

☐ 10 HORAS DA MANHÃ. ☐ 2 HORAS DA TARDE.
☐ MEIO-DIA. ☐ SUA ALTERNATIVA: _____

4. EM QUE LOCAL SERÁ REALIZADO O ENCONTRO?

☐ NA CIDADE. ☐ NA BEIRA DO RIO.
☐ PERTO DO BOSQUE. ☐ SUA ALTERNATIVA: _____

AGORA, MÃOS À OBRA! COMPLETE O CONVITE COM AS INFORMAÇÕES QUE VOCÊ ESCOLHEU.

OLÁ, _____

INFELIZMENTE, O LOBO MAU DESTRUIU NOSSAS CASAS. GOSTARÍAMOS DE ENCONTRAR TODOS VOCÊS PARA CONVERSAR SOBRE A RECONSTRUÇÃO DE NOSSOS LARES.

DATA: _____

HORÁRIO: _____

LOCAL: _____

CONTAMOS COM A PRESENÇA DE TODOS!

OS DOIS PORQUINHOS SEM CASA

ELABORADO PARA FINS DIDÁTICOS.

MÓDULO 5

LEITURA

NOTÍCIA

AS NOTÍCIAS SÃO TEXTOS QUE INFORMAM UM FATO NOVO. ELAS APRESENTAM AO LEITOR DADOS SOBRE O ACONTECIMENTO: **COMO**, **QUANDO** E **ONDE** ACONTECERAM OS FATOS.

LEIA A NOTÍCIA A SEGUIR SOBRE UM DESENHO ANIMADO BEM DIFERENTE.

HTTPS://JORNALJOCA.COM.BR

PRIMEIRO DESENHO ANIMADO FEITO EM LIBRAS É LANÇADO

O PRIMEIRO EPISÓDIO DE "MIN E AS MÃOZINHAS", UMA ANIMAÇÃO FEITA INTEIRAMENTE EM LIBRAS (LÍNGUA BRASILEIRA DE SINAIS), FOI LANÇADO NO YOUTUBE EM 26 DE SETEMBRO, DIA EM QUE É CELEBRADO O DIA DO SURDO.

O OBJETIVO É ENSINAR A LÍNGUA FALADA POR PESSOAS COM SURDEZ PARA TODOS. A CADA EPISÓDIO, SERÃO ENSINADOS CINCO SINAIS DE LIBRAS.

[...]

"MIN E AS MÃOZINHAS" CONTA HISTÓRIAS DO COTIDIANO E AVENTURAS DE MIN, UMA MENINA SURDA. É VOLTADO PARA CRIANÇAS DE 3 A 6 ANOS E QUER MOSTRAR QUE CRIANÇAS SURDAS TAMBÉM SE DIVERTEM E BRINCAM.

A **DEFICIÊNCIA** ATUALMENTE ATINGE APROXIMADAMENTE 10 MILHÕES DE BRASILEIROS. [...]

> **DEFICIÊNCIA:** PROBLEMA NO FUNCIONAMENTO DE ALGUM ÓRGÃO, COMO A FALTA DE AUDIÇÃO.

JOCA. DISPONÍVEL EM: HTTPS://WWW.JORNALJOCA.COM.BR/E-LANCADO-NO-YOUTUBE-O-PRIMEIRO-DESENHO-ANIMADO-FEITO-EM-LIBRAS/. ACESSO EM: 25 FEV. 2022.

ESTUDO DO TEXTO

1. A MANCHETE É A PRIMEIRA INFORMAÇÃO DA NOTÍCIA. ELA RESUME O ASSUNTO QUE SERÁ TRATADO NO TEXTO E DEVE ATRAIR A ATENÇÃO DO LEITOR. COPIE A MANCHETE DA NOTÍCIA LIDA.

   _____

   _____

2. VOLTE AO TEXTO E CIRCULE O NOME DO DESENHO ANIMADO CRIADO PARA CRIANÇAS SURDAS.

3. QUAL É O NOME DA PERSONAGEM PRINCIPAL DA ANIMAÇÃO?

   _____

4. QUANDO A ANIMAÇÃO FOI LANÇADA?

   ☐ NO DIA DO SURDO.   ☐ NO NATAL.   ☐ NA PÁSCOA.

5. CIRCULE O DESENHO QUE REPRESENTA O PÚBLICO PARA O QUAL A ANIMAÇÃO FOI FEITA.

   Ilustrações: Vanessa Alexandre/ID/BR

6. A ANIMAÇÃO FOI CRIADA COM O OBJETIVO DE:

   ☐ ENSINAR A LÍNGUA USADA POR PESSOAS SURDAS.

   ☐ DIVERTIR AS CRIANÇAS SURDAS COM BRINCADEIRAS.

7. DEPOIS DE LER A NOTÍCIA, VOCÊ COMPREENDEU O QUE É LIBRAS? EXPLIQUE.

   _____

   _____

ESTUDO DA LÍNGUA

O ESPAÇO ENTRE AS PALAVRAS

1. MARTA RESOLVEU CONVIDAR ANDREA PARA BRINCAR COM ELA. LEIA O BILHETE QUE MARTA ESCREVEU PARA A AMIGA.

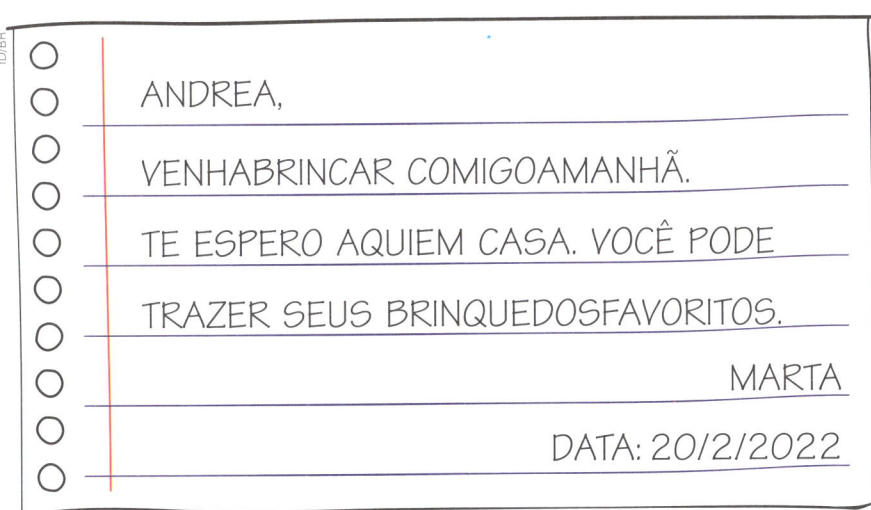

> ANDREA,
>
> VENHABRINCAR COMIGOAMANHÃ.
>
> TE ESPERO AQUIEM CASA. VOCÊ PODE
>
> TRAZER SEUS BRINQUEDOSFAVORITOS.
>
> MARTA
>
> DATA: 20/2/2022

A) VOCÊ CONSEGUIU LER O BILHETE ESCRITO POR MARTA?

_____

_____

B) AO ESCREVER O BILHETE, MARTA:

☐ NÃO DEIXOU ESPAÇO ENTRE ALGUMAS PALAVRAS.

☐ DEIXOU O ESPAÇO CORRETO ENTRE TODAS AS PALAVRAS.

2. REFAÇA O BILHETE, COLOCANDO ESPAÇO ENTRE AS PALAVRAS.

> ANDREA,
>
>
>
>
>
> MARTA
>
> DATA: 20/2/2022

3. QUAL FOI O CONVITE FEITO POR MARTA?

_____

_____

4. O QUE ANDREA PODE LEVAR PARA BRINCAR COM MARTA?

_____

_____

5. RELEIA O BILHETE DE MARTA COM AS CORREÇÕES QUE VOCÊ FEZ. QUAL SINAL FOI USADO PARA SEPARAR UMA FRASE DA OUTRA?

_____

6. ANDREA ESCREVEU UM BILHETE DE RESPOSTA PARA MARTA, MAS ELA TAMBÉM DEIXOU DE COLOCAR ESPAÇO ENTRE ALGUMAS PALAVRAS. VEJA.

MARTA,
OBRIGADA PORMECONVIDAR
PARA BRINCARCOMVOCÊ.
ATÉ DAQUIAPOUCO.
                     ANDREA
      DATA: 21/2/2022

COMO FICARIA O BILHETE DE ANDREA ESCRITO CORRETAMENTE?

☐
MARTA,
OBRIGADA POR ME CONVIDAR PARA BRINCAR COM VOCÊ.
ATÉ DAQUI A POUCO.
           ANDREA
    DATA: 21/2/2022

☐
MARTA,
OBRIGADA PORME CONVIDAR PARA BRINCAR COMVOCÊ.
ATÉ DAQUI A POUCO.
           ANDREA
    DATA: 21/2/2022

ESTUDO DA LÍNGUA

AS LETRAS M, N, C, L

1. EXISTEM MUITAS QUADRINHAS EM NOSSO FOLCLORE. DECLAMAR QUADRINHAS É UMA BRINCADEIRA DIVERTIDA! LEIA UM EXEMPLO ABAIXO.

> ESCUTA, TAPETE DE OURO
> CONTA UM SEGREDO PRA MIM
> QUE TAMANHO É O TESOURO
> QUE TE FAZ BRILHAR ASSIM?

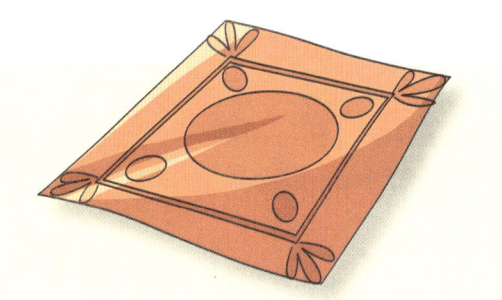

DOMÍNIO PÚBLICO.

A) NA QUADRINHA, ALÉM DA PALAVRA **UM**, QUAIS PALAVRAS TERMINAM COM A LETRA **M**?

B) AS PALAVRAS QUE VOCÊ COPIOU RIMAM?
☐ SIM.   ☐ NÃO.

C) CIRCULE NA QUADRINHA A PALAVRA QUE APRESENTA, AO MESMO TEMPO, AS LETRAS **C** E **N**.

2. LEIA ESTA OUTRA QUADRINHA.

> JOGUEI UMA PEDRA PARA CIMA
> PARA VER ONDE CAÍA
> CAIU NA CARECA DO PADRE
> CREDO, CRUZ, AVE-MARIA.

DOMÍNIO PÚBLICO.

A) COPIE DA QUADRINHA AS PALAVRAS QUE COMEÇAM COM A LETRA **C**.

B) LEIA EM VOZ ALTA AS PALAVRAS QUE VOCÊ COPIOU. A LETRA **C** REPRESENTA O MESMO SOM EM TODAS AS PALAVRAS?

☐ SIM. ☐ NÃO.

3. FALE EM VOZ ALTA O NOME DOS ANIMAIS ABAIXO.

AGORA, ESCREVA O NOME DELES NO QUADRO, DE ACORDO COM O SOM DA LETRA INICIAL DE CADA NOME.

GRUPO 1	GRUPO 2	GRUPO 3
NOMES DE ANIMAIS QUE COMEÇAM COM A LETRA **L**	NOMES DE ANIMAIS QUE COMEÇAM COM A LETRA **M**	NOMES DE ANIMAIS QUE COMEÇAM COM A LETRA **C**

CALIGRAFIA

LETRAS M E N

1. COM UM LÁPIS, SIGA AS LINHAS PONTILHADAS PARA ESCREVER A LETRA **M** MAIÚSCULA DE IMPRENSA, MINÚSCULA DE IMPRENSA, MAIÚSCULA CURSIVA E MINÚSCULA CURSIVA.

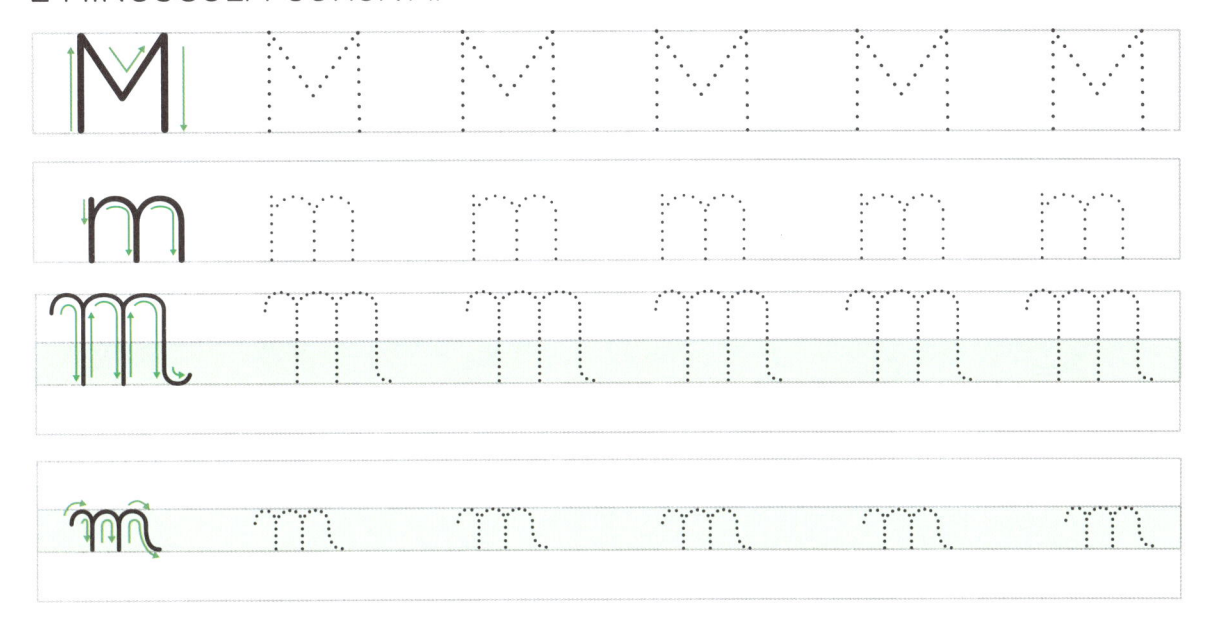

2. COM UM LÁPIS, SIGA AS LINHAS PONTILHADAS PARA ESCREVER A LETRA **N** MAIÚSCULA DE IMPRENSA, MINÚSCULA DE IMPRENSA, MAIÚSCULA CURSIVA E MINÚSCULA CURSIVA.

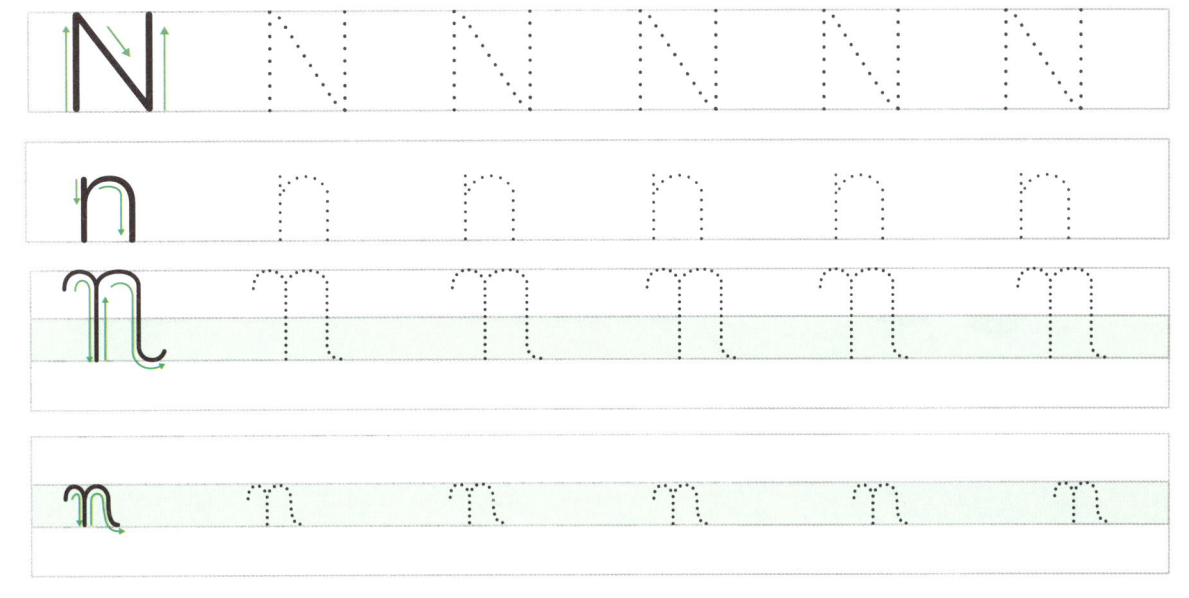

QUARENTA E NOVE

USO DE C E Ç

1. COM UM LÁPIS, SIGA AS LINHAS PONTILHADAS PARA ESCREVER AS LETRAS C E Ç MAIÚSCULAS DE IMPRENSA, MINÚSCULAS DE IMPRENSA, MAIÚSCULAS CURSIVAS E MINÚSCULAS CURSIVAS.

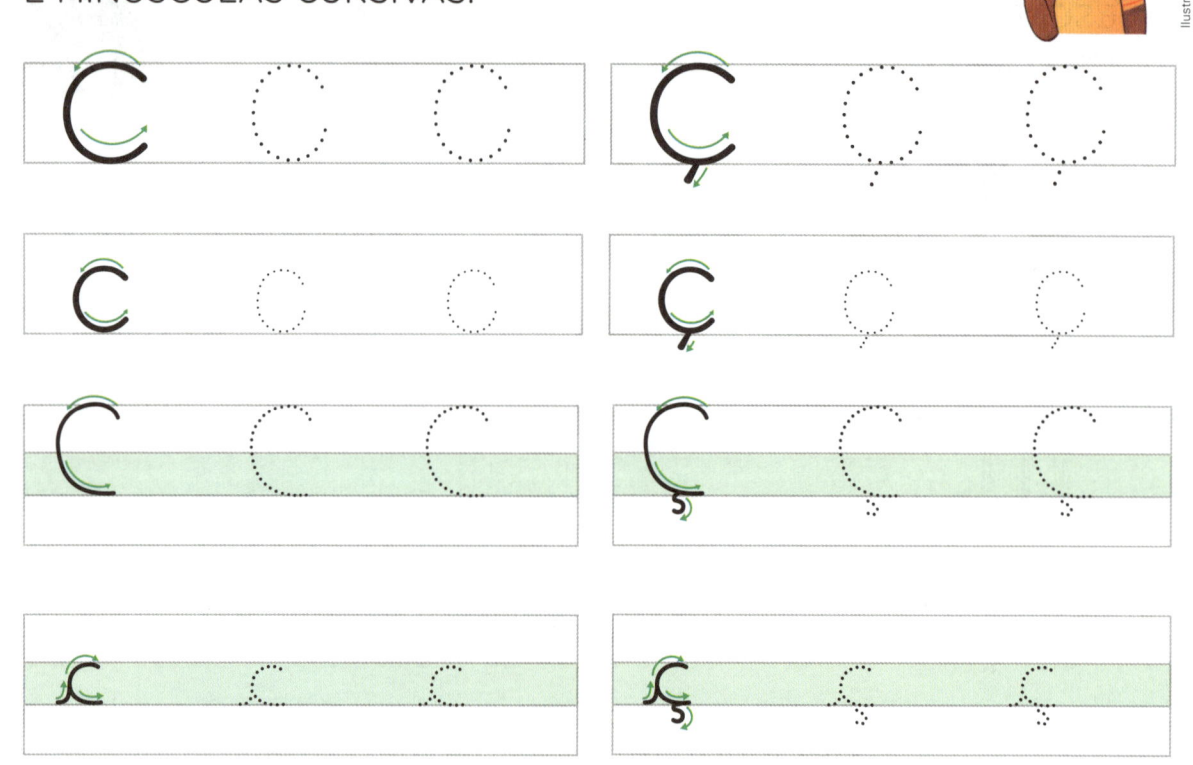

2. AGORA, VOCÊ VAI EXERCITAR A ESCRITA DE ALGUMAS PALAVRAS. COM O PROFESSOR, LEIA EM VOZ ALTA AS PALAVRAS A SEGUIR. DEPOIS, ESCREVA CADA PALAVRA NO ESPAÇO INDICADO, USANDO LETRA DE IMPRENSA.

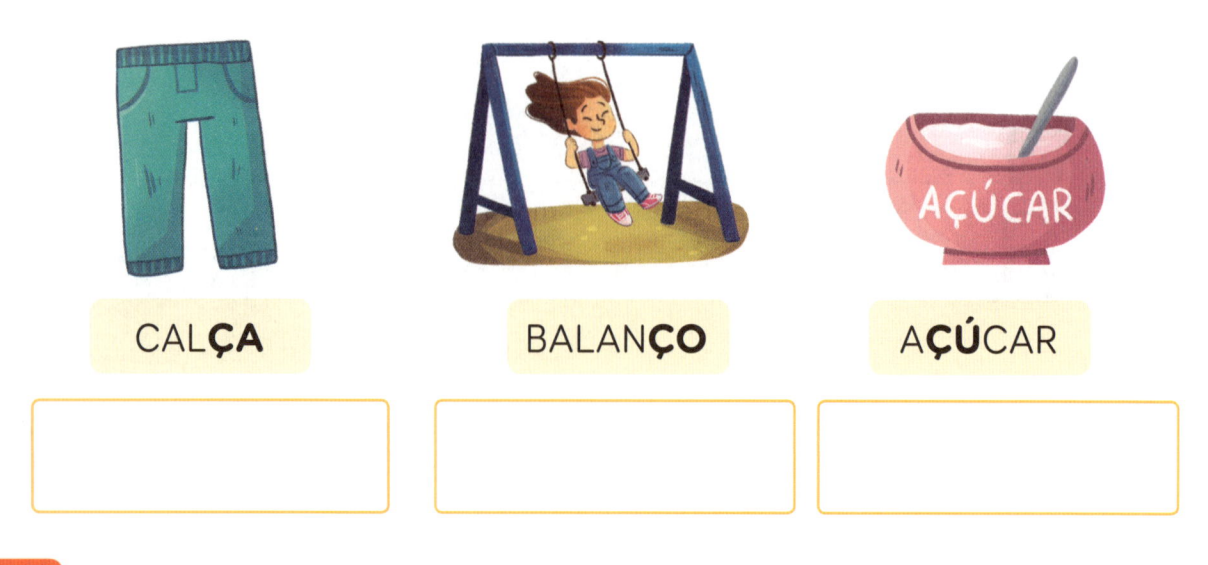

CAL**Ç**A   BALAN**Ç**O   A**Ç**ÚCAR

ESCRITA

MANCHETE

LEIA A NOTÍCIA A SEGUIR.

A EUROPA VEM PASSANDO POR UMA ONDA DE CALOR INCOMUM, E NÃO SÃO SÓ AS PESSOAS QUE FORAM PEGAS DE SURPRESA PELAS ALTAS TEMPERATURAS. PENSANDO NOS CACHORRINHOS QUE ANDAM DESCALÇOS NO ASFALTO MUITO QUENTE, A POLÍCIA DE ZURIQUE, CIDADE DA SUÍÇA, CRIOU UMA CAMPANHA PARA QUE OS DONOS COMECEM A COLOCAR SAPATOS EM SEUS BICHINHOS.

A INICIATIVA FOI APELIDADA DE "AÇÃO CACHORRO-QUENTE", E VEM AJUDANDO MUITOS CÃEZINHOS A NÃO QUEIMAREM SUAS PATAS.

[...]

CACHORRO DA POLÍCIA DE ZURIQUE USANDO SAPATOS.

JOCA. DISPONÍVEL EM: HTTPS://WWW.JORNALJOCA.COM.BR/CAMPANHA-INCENTIVA-QUE-CACHORROS-USEM-SAPATOS-NA-SUICA/. ACESSO EM: 25 FEV. 2022.

1. QUAL É O ASSUNTO DA NOTÍCIA?

_____

_____

2. QUAL É O NOME DA CAMPANHA?

_____

3. ESCREVA UMA MANCHETE PARA A NOTÍCIA. LEMBRE-SE DE QUE A MANCHETE RESUME O QUE SERÁ TRATADO NA NOTÍCIA E QUE ELA DEVE ATRAIR A ATENÇÃO DO LEITOR PARA O TEXTO.

_____

_____

MÓDULO 6

LEITURA

SLOGAN

JÁ PAROU PARA PENSAR EM QUANTAS PROPAGANDAS VOCÊ VÊ POR DIA NA RUA, NA TELEVISÃO E NA INTERNET?

AGORA, VOCÊ VAI LER UMA PROPAGANDA E INFORMAR-SE MAIS SOBRE O *SLOGAN*, AQUELA FRASE PRINCIPAL QUE FICA GRAVADA NA MEMÓRIA TODA VEZ QUE VOCÊ VÊ UMA PROPAGANDA.

ESTUDO DO TEXTO

1. O QUE VOCÊ OBSERVA NA IMAGEM ACIMA?

    ☐ PRODUTOS PARA CRIANÇAS USAREM NO BANHO.

    ☐ PRODUTOS PARA PERSONAGENS USAREM NO BANHO.

2. OBSERVE O TEXTO PRINCIPAL DA PROPAGANDA. CIRCULE A PALAVRA QUE APARECE DUAS VEZES. COPIE ESSA PALAVRA ABAIXO.

_____

3. ESCREVA QUANTAS VOGAIS E QUANTAS CONSOANTES TEM A PALAVRA QUE VOCÊ COPIOU.

VOGAIS: _____   CONSOANTES: _____

4. QUAL É O OBJETIVO DA PROPAGANDA? MARQUE UM **X** NA RESPOSTA CORRETA.

☐ DIVULGAR PRODUTOS DE BANHO PARA CRIANÇAS.

☐ INCENTIVAR CRIANÇAS A TOMAR BANHO.

5. OBSERVE O *SLOGAN* EM DESTAQUE NA PROPAGANDA.

A) O *SLOGAN* INCENTIVA AS CRIANÇAS A:

☐ SÓ USAR PRODUTOS FEITOS PARA ELAS.

☐ USAR OS MESMOS PRODUTOS QUE OS PAIS.

B) VOCÊ CONCORDA COM A AFIRMAÇÃO DO *SLOGAN*?

_____

_____

6. AS BOLHAS EM VOLTA DO *SLOGAN* SE RELACIONAM A QUAL DOS ELEMENTOS A SEGUIR? CIRCULE A RESPOSTA CORRETA.

CRIANÇA

BANHO

MAR

CABEÇA

ESTUDO DA LÍNGUA

LETRA MAIÚSCULA E LETRA MINÚSCULA

1. RELEMBRE O ALFABETO.

A a	B b	C c	D d	E e	F f	G g
H h	I i	J j	K k	L l	M m	N n
O o	P p	Q q	R r	S s	T t	U u
V v	W w	X x	Y y	Z z		

A) CIRCULE DE **VERMELHO** AS LETRAS MAIÚSCULAS E DE **AZUL** AS LETRAS MINÚSCULAS.

B) OBSERVE AS IMAGENS A SEGUIR E ASSINALE AQUELAS QUE CONTÊM SOMENTE LETRAS **MAIÚSCULAS**.

☐ PARE

☐ Cachoeira

☐ SAÍDA

☐ CUIDADO CÃO BRAVO

☐ São João / Av. São João / Sé 1 / 610 a 930 / CEP 01036-100

2. LEIA O RESULTADO DE UMA PESQUISA FEITA COM ALGUNS ESTUDANTES DO 1º ANO.

1 – NOME	2 – CIDADE QUE QUER VISITAR	3 – FRUTA PREFERIDA	4 – ANIMAL PREFERIDO
Alice	Rio de Janeiro	morango	hipopótamo
João	Manaus	abacate	arara
Maíra	Aracaju	caju	leão

A) EM QUAIS COLUNAS AS RESPOSTAS TÊM LETRA INICIAL MAIÚSCULA?

_____

B) EM QUAIS COLUNAS AS RESPOSTAS TÊM LETRA INICIAL MINÚSCULA?

_____

3. COMPLETE COM LETRA MAIÚSCULA OU MINÚSCULA.

A) — _____amos almoçar?

B) Há belas praias em _____ernambuco.

C) A irmã da _____aria _____arolina chega amanhã.

D) O _____ilme vai começar.

4. LEIA A FRASE DE UM *SLOGAN*.

> Use este travesseiro e nunca mais perca o sono.

A) CIRCULE A LETRA **MAIÚSCULA** NA FRASE.

B) SUBLINHE AS LETRAS **MINÚSCULAS**.

C) COMPLETE:
- AS FRASES NORMALMENTE SÃO INICIADAS COM LETRA: _____

ESTUDO DA LÍNGUA

AS LETRAS R, S, X, Z

1. LEIA AS PALAVRAS EM VOZ ALTA. DEPOIS, COPIE AS PALAVRAS NAS COLUNAS DE ACORDO COM O SOM DA LETRA INICIAL.

RÚSSIA   XADREZ   SEMENTE   XERÉM
SILÊNCIO ZULMIRA   ZELADOR   REMO
SUOR   ZANGADO   RISADA   XAXADO

REDE	SAPATO	XAMPU	ZEBRA

2. LEIA AS PISTAS E ESCREVA AS PALAVRAS NA CRUZADINHA.

A) UMA CARACTERÍSTICA DO LIMÃO.
_____
DICA! A SEGUNDA LETRA É **Z**.

B) OBJETO USADO PARA HIGIENE PESSOAL.
_____
DICA! COMEÇA COM **S**.

C) PRODUTO USADO PARA LAVAR OS CABELOS.
_____
DICA! COMEÇA COM **X**.

D) DOCE FEITO DA CANA-DE-AÇÚCAR.
_____
DICA! COMEÇA COM **R**.

CALIGRAFIA

LETRAS R E S

1. COM UM LÁPIS, SIGA AS LINHAS PONTILHADAS PARA ESCREVER A LETRA **R** MAIÚSCULA DE IMPRENSA, MINÚSCULA DE IMPRENSA, MAIÚSCULA CURSIVA E MINÚSCULA CURSIVA.

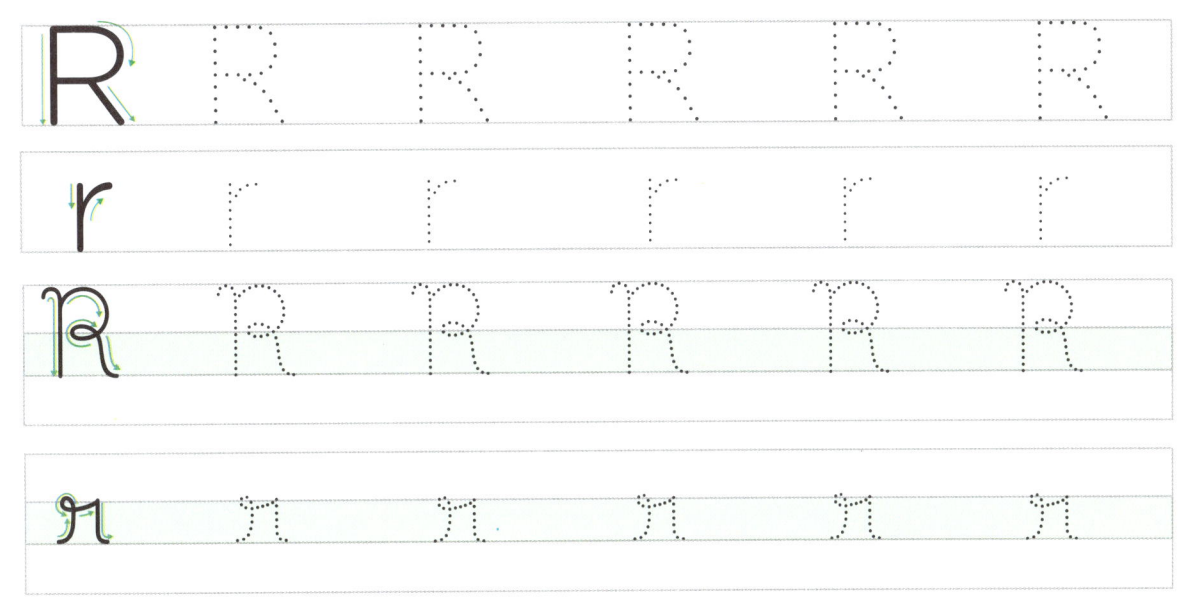

2. COM UM LÁPIS, SIGA AS LINHAS PONTILHADAS PARA ESCREVER A LETRA **S** MAIÚSCULA DE IMPRENSA, MINÚSCULA DE IMPRENSA, MAIÚSCULA CURSIVA E MINÚSCULA CURSIVA.

CINQUENTA E SETE

LETRAS X E Z

1. COM UM LÁPIS, SIGA AS LINHAS PONTILHADAS PARA ESCREVER A LETRA **X** MAIÚSCULA DE IMPRENSA, MINÚSCULA DE IMPRENSA, MAIÚSCULA CURSIVA E MINÚSCULA CURSIVA.

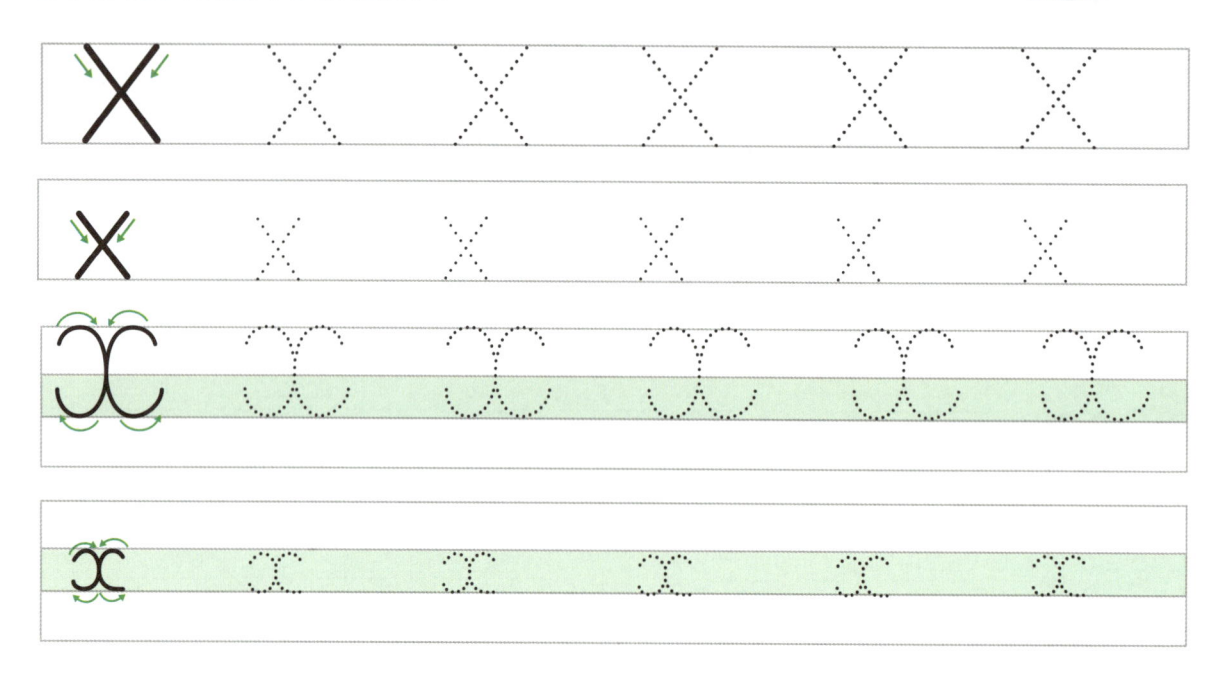

2. COM UM LÁPIS, SIGA AS LINHAS PONTILHADAS PARA ESCREVER A LETRA **Z** MAIÚSCULA DE IMPRENSA, MINÚSCULA DE IMPRENSA, MAIÚSCULA CURSIVA E MINÚSCULA CURSIVA.

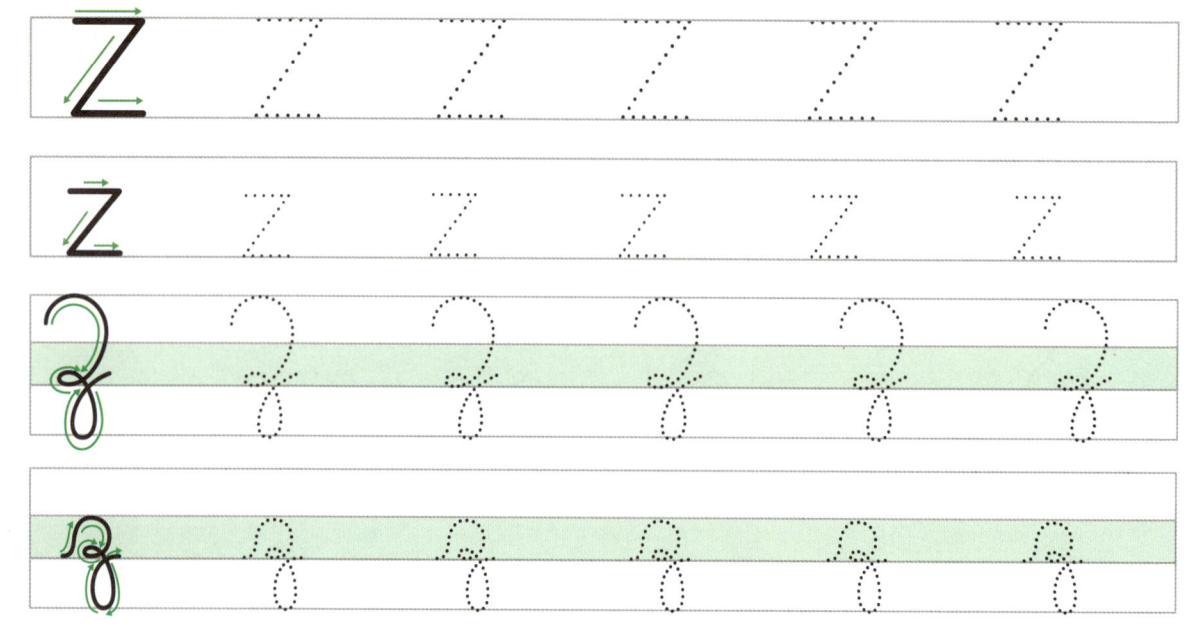

ORALIDADE

SLOGAN

VOCÊ VAI CRIAR UM *SLOGAN* PARA UMA PROPAGANDA SOBRE ECONOMIA DE ÁGUA. DEPOIS, VAI APRESENTAR O *SLOGAN* AOS COLEGAS. OBSERVE A IMAGEM.

PLANEJAMENTO

1. PLANEJE O *SLOGAN*. PARA ISSO, REFLITA SOBRE AS QUESTÕES:
   - QUEM VAI LER E OUVIR A PROPAGANDA?
   - QUAL É A MELHOR FORMA DE CHAMAR A ATENÇÃO DAS PESSOAS PARA ECONOMIZAR ÁGUA?
2. EM UMA FOLHA DE PAPEL SULFITE, ESCREVA OPÇÕES DE FRASES PARA O *SLOGAN* DA PROPAGANDA. AS FRASES DEVEM CHAMAR A ATENÇÃO DO PÚBLICO.
3. ESCOLHA A MELHOR FRASE E LEIA EM VOZ ALTA, OBSERVANDO SE ELA EXPRESSA O OBJETIVO DA PROPAGANDA. VEJA SE É NECESSÁRIO FAZER ADAPTAÇÕES NO *SLOGAN*.
4. ESCREVA O *SLOGAN* NO ESPAÇO RESERVADO NA IMAGEM ACIMA.

GRAVAÇÃO

1. ENSAIE ALGUMAS VEZES E, COM A AJUDA DE UM ADULTO, GRAVE O *SLOGAN* EM ÁUDIO. PARA ISSO, VOCÊ PODE UTILIZAR UM GRAVADOR DE VOZ, UM TELEFONE CELULAR OU UMA CÂMERA.

DEPOIS, COMPARTILHE O ÁUDIO DE SEU *SLOGAN* COM A TURMA.

MÓDULO 7

LEITURA

CONTO DE FADAS

A MAIORIA DOS CONTOS DE FADAS COMEÇA COM **ERA UMA VEZ...** E TERMINA COM **... E VIVERAM FELIZES PARA SEMPRE**. SERÁ QUE O CONTO DE FADAS "O MINGAU DOCE" TAMBÉM É ASSIM? LEIA E DESCUBRA.

O MINGAU DOCE

ERA UMA VEZ UMA GAROTA QUE VIVIA SOZINHA COM SUA MÃE. ELAS ERAM MUITO POBRES E POR VEZES NÃO TINHAM O QUE COMER. UM DIA, A MENINA DISSE PARA SUA MÃE:

— ESTOU COM MUITA FOME. SERÁ QUE HÁ ALGUM PEDAÇO DE PÃO PARA COMERMOS NO CAFÉ DA MANHÃ?

A MÃE DEU-LHE UM ABRAÇO, POIS A AMAVA MUITO, E DISSE:

— FILHINHA, NÃO TEMOS NADA PARA COMER HOJE. O ARMÁRIO ESTÁ VAZIO. VÁ ATÉ A FLORESTA E PROCURE UM POUCO DE NOZES E FRUTAS SILVESTRES.

— PODE DEIXAR — DISSE A GAROTINHA, BEIJANDO SUA MÃE AO PARTIR. ELA NÃO TINHA IDO MUITO LONGE, QUANDO ENCONTROU UMA VELHINHA.

— O QUE VOCÊ ESTÁ PROCURANDO, MENINA? — PERGUNTOU A SENHORA.

— NOZES E FRUTAS SILVESTRES. MINHA MÃE E EU NÃO TEMOS NADA PARA COMER.

A VELHINHA SENTIU PENA DELA.

— ISSO IRÁ AJUDAR VOCÊ — ELA DISSE, DANDO-LHE UMA PANELA MUITO ESPECIAL.

— COZINHE, PANELA, COZINHE — ORDENOU A VELHINHA, E A PEQUENA PANELA COZINHOU UM POUCO DE MINGAU DOCE.

ENTÃO PROSSEGUIU:

— PARE, PANELA, PARE.

E A PEQUENA PANELA PAROU DE COZINHAR.

— VOCÊ NUNCA MAIS VAI PASSAR FOME DE NOVO — ELA FALOU PARA A MENINA.

A GAROTINHA AGRADECEU A VELHINHA E VOLTOU CORRENDO PARA CASA.

A MENINA MOSTROU A PANELA PARA SUA MÃE.

— O QUE É ISSO? — PERGUNTOU ELA.

— É UMA PANELA MÁGICA — RESPONDEU A MENINA, COLOCANDO-A SOBRE A MESA.

— COZINHE, PANELA, COZINHE — ELA DISSE, E A PANELA COZINHOU MINGAU DOCE PARA AS DUAS.

— PARE, PANELA, PARE — DISSE A GAROTINHA, E A PANELA PAROU DE COZINHAR.

A MÃE FICOU IMPRESSIONADA.

— ISSO É INCRÍVEL. MUITO BEM! — ELA DISSE. ENTÃO, DEU UM ABRAÇO NA MENINA.

NAQUELA NOITE, A MÃE E A GAROTINHA COMERAM UMA BOA REFEIÇÃO E FORAM DORMIR SATISFEITAS E CONTENTES.

NO DIA SEGUINTE, A GAROTINHA FOI VISITAR SUA TIA.

— VOLTAREI AMANHÃ — ELA DISSE PARA SUA MÃE AO PARTIR.

NAQUELA NOITE, A MÃE DA MENINA ESTAVA COM MUITA FOME.

"VOU PEDIR PARA A PANELA FAZER UM POUCO DE MINGAU" — ELA PENSOU.

— COZINHE, PANELA, COZINHE — ORDENOU A MÃE, E A PEQUENA PANELA FEZ UM POUCO DE MINGAU.

— PARE — DISSE A MÃE QUANDO HAVIA MINGAU SUFICIENTE, PORÉM, A PANELA NÃO PAROU. ELA HAVIA SE ESQUECIDO DAS PALAVRAS MÁGICAS E A PANELA CONTINUOU COZINHANDO. LOGO, O MINGAU ENCHEU A CASA INTEIRA E COMEÇOU A ESCORRER PELA PORTA, DESCENDO PELA RUA.

NÃO DEMOROU MUITO E A CIDADE INTEIRA FICOU COBERTA DE MINGAU.

— E AGORA, O QUE FAREMOS? — PERGUNTARAM OS HABITANTES DA CIDADE. NAQUELE INSTANTE, A GAROTINHA VOLTOU.

— PARE, PANELA, PARE! — ELA ORDENOU, E A PANELA IMEDIATAMENTE PAROU.

— HÁ APENAS UMA COISA A SE FAZER — RESPONDEU ELA. — VOCÊS DEVEM COMER ATÉ CHEGAREM EM SUAS CASAS.

ENTÃO, TODOS PEGARAM TIGELAS E COLHERES E COMEÇARAM A COMER. ELES SE DIVERTIRAM COMENDO O MINGAU DOCE E, DEPOIS DAQUELE DIA, NINGUÉM NUNCA MAIS PASSOU FOME DE NOVO.

TESOURO DE CONTOS DE FADAS DOS IRMÃOS GRIMM.
SÃO PAULO: CIRANDA CULTURAL, 2013. P. 156-160.

ESTUDO DO TEXTO

1. AO LER O TEXTO, É POSSÍVEL SABER EXATAMENTE QUANDO A HISTÓRIA ACONTECEU?

   _____

   _____

2. CIRCULE O ELEMENTO MÁGICO PRESENTE NA HISTÓRIA.

3. NUMERE A ORDEM DOS ACONTECIMENTOS NO CONTO.

   ☐ A MENINA ENCONTROU UMA VELHINHA, QUE LHE DEU UMA PANELA MÁGICA.

   ☐ A PANELA NÃO PAROU MAIS DE FAZER MINGAU, E TODOS PUDERAM COMER.

   ☐ A MÃE PEDIU À MENINA QUE FOSSE ATÉ A FLORESTA PROCURAR NOZES E FRUTAS SILVESTRES PARA COMEREM.

   ☐ A MENINA E A MÃE COMERAM O MINGAU.

4. POR QUE A CASA E A CIDADE FICARAM COBERTAS DE MINGAU?

   _____

   _____

5. NO FIM DO CONTO, POR QUE NINGUÉM MAIS PASSOU FOME?

   _____

   _____

6. VOCÊ GOSTOU DO TEXTO? POR QUÊ?

   _____

   _____

ESTUDO DA LÍNGUA

LETRA DE IMPRENSA E LETRA CURSIVA

1. OBSERVE A PALAVRA **PANELA** ESCRITA DE DIFERENTES MANEIRAS.

   | PANELA | panela | *panela* |

   A) FOI UTILIZADO O MESMO TIPO DE LETRA PARA ESCREVER ESSA PALAVRA?

   ☐ SIM   ☐ NÃO

   B) CIRCULE COM UM LÁPIS **AZUL** A PALAVRA **PANELA** ESCRITA EM LETRA CURSIVA.

   C) CIRCULE COM UM LÁPIS **VERDE** A PALAVRA **PANELA** ESCRITA COM LETRA DE IMPRENSA MINÚSCULA.

2. LEIA AS ADIVINHAS E PINTE O DESENHO QUE REPRESENTA A RESPOSTA.

   ADIVINHA 1
   O QUE É, O QUE É, QUE TEM SEIS LETRAS E MUITOS ASSENTOS?

   DOMÍNIO PÚBLICO.

   ADIVINHA 2
   O QUE É, O QUE É, QUE NÃO TEM PERNAS MAS SEMPRE ANDA?

   DOMÍNIO PÚBLICO.

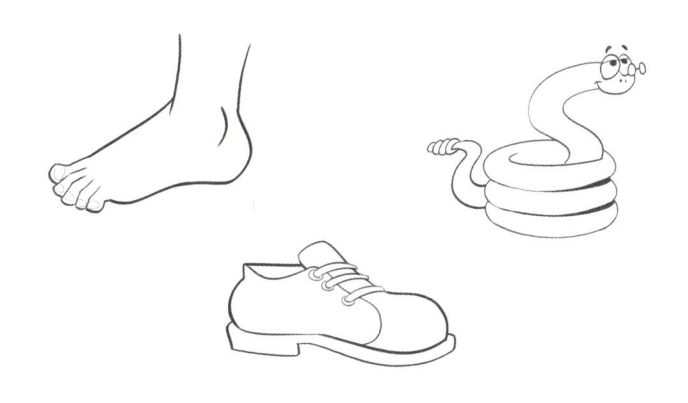

SESSENTA E TRÊS

A) QUE TIPO DE LETRA FOI USADO PARA ESCREVER AS ADIVINHAS?

_____

B) RECORTE LETRAS DE JORNAIS E REVISTAS. DEPOIS, ESCREVA COM ELAS A RESPOSTA DE CADA ADIVINHA.

ADIVINHA 1

ADIVINHA 2

3. LEIA O TEXTO E RESPONDA ÀS PERGUNTAS.

> Pati,
> Vamos ao parque. Assim que chegar da escola, vá se encontrar com a gente.
> Pedro

A) QUE GÊNERO DE TEXTO VOCÊ ACABOU DE LER?

_____

B) QUE TIPO DE LETRA FOI USADO PARA ESCREVER O TEXTO?

_____

ESTUDO DA LÍNGUA

OS DIFERENTES TIPOS E TAMANHOS DE LETRAS

1. OBSERVE A CAPA DO LIVRO EM QUE A HISTÓRIA "O MINGAU DOCE" FOI PUBLICADA E RESPONDA ÀS QUESTÕES A SEGUIR.

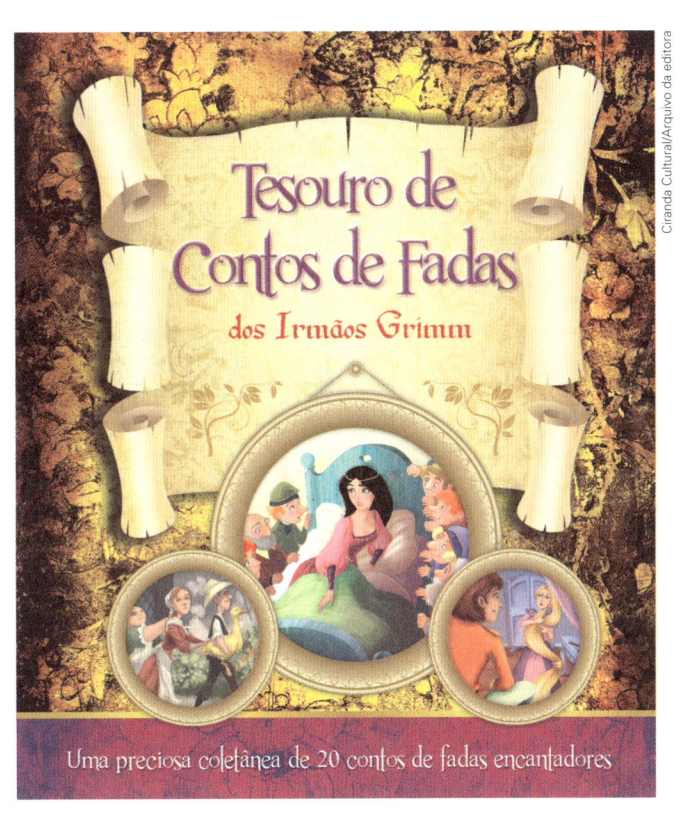

A) QUAL É O NOME DO LIVRO?

_____

_____

B) AS LETRAS QUE APARECEM NA CAPA DO LIVRO:

☐ TÊM O MESMO TAMANHO.

☐ TÊM TAMANHOS DIFERENTES.

C) NA CAPA DO LIVRO, HÁ LETRAS DE APENAS UMA COR OU DE CORES VARIADAS?

☐ TODAS AS LETRAS SÃO DA MESMA COR.

☐ AS LETRAS SÃO DE CORES VARIADAS.

SESSENTA E CINCO 65

2. OBSERVE AS CAPAS DOS LIVROS A SEGUIR.

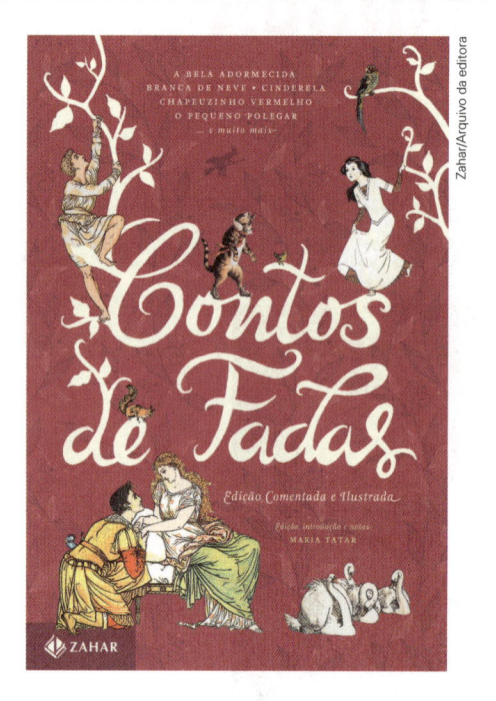

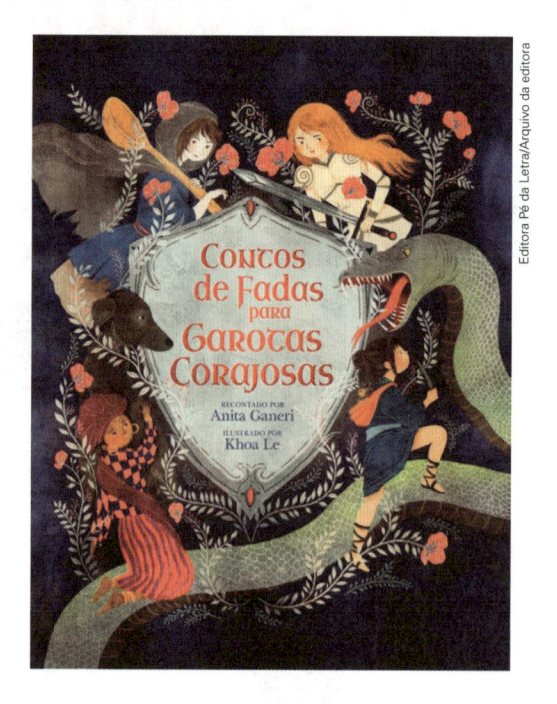

A) QUAIS PALAVRAS SE REPETEM NO TÍTULO DOS DOIS LIVROS?

_____

B) AS PALAVRAS QUE SE REPETEM NAS DUAS CAPAS ESTÃO ESCRITAS COM LETRAS:

☐ DE FORMATO E CORES IGUAIS.

☐ DE FORMATO E CORES DIFERENTES.

C) CIRCULE A CAPA DO LIVRO QUE APRESENTA MAIS PALAVRAS NO TÍTULO.

3. RECORTE, DE REVISTAS OU JORNAIS, LETRAS COM CORES E FORMATOS VARIADOS PARA ESCREVER A EXPRESSÃO **CONTOS DE FADAS**. DEPOIS, COLE ABAIXO FORMANDO ESSAS PALAVRAS.

CALIGRAFIA

LETRAS G E J

1. COM UM LÁPIS, SIGA AS LINHAS PONTILHADAS PARA ESCREVER A LETRA **G** MAIÚSCULA DE IMPRENSA, MINÚSCULA DE IMPRENSA, MAIÚSCULA CURSIVA E MINÚSCULA CURSIVA.

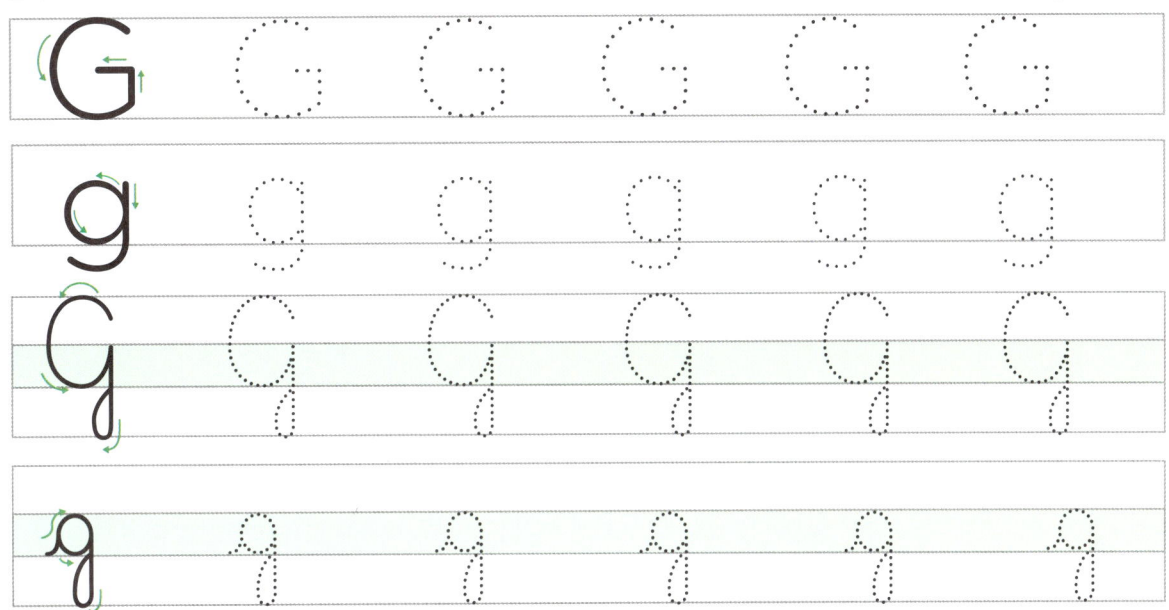

2. COM UM LÁPIS, SIGA AS LINHAS PONTILHADAS PARA ESCREVER A LETRA **J** MAIÚSCULA DE IMPRENSA, MINÚSCULA DE IMPRENSA, MAIÚSCULA CURSIVA E MINÚSCULA CURSIVA.

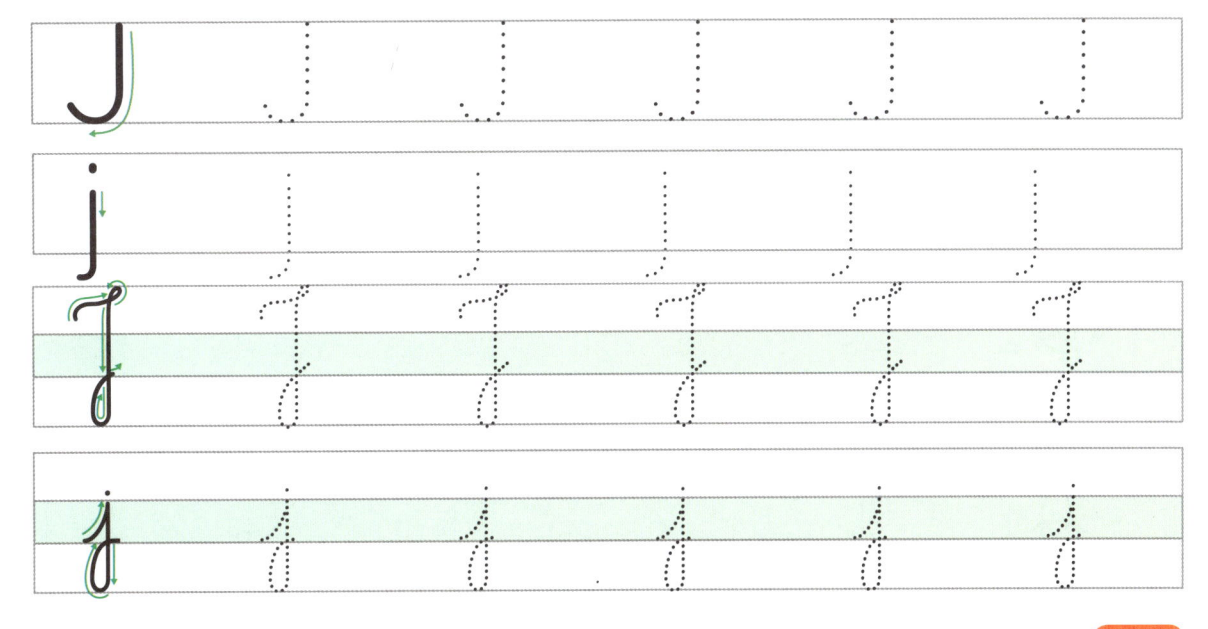

SESSENTA E SETE

LETRAS H E Q

1. COM UM LÁPIS, SIGA AS LINHAS PONTILHADAS PARA ESCREVER A LETRA **H** MAIÚSCULA DE IMPRENSA, MINÚSCULA DE IMPRENSA, MAIÚSCULA CURSIVA E MINÚSCULA CURSIVA.

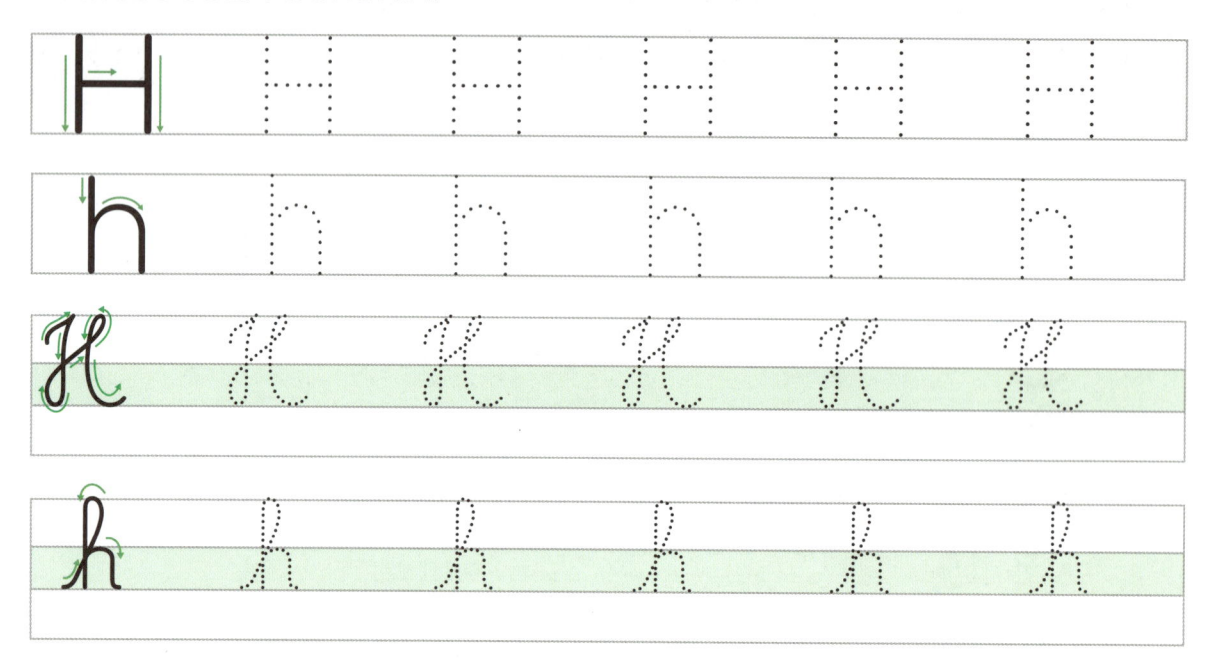

2. COM UM LÁPIS, SIGA AS LINHAS PONTILHADAS PARA ESCREVER A LETRA **Q** MAIÚSCULA DE IMPRENSA, MINÚSCULA DE IMPRENSA, MAIÚSCULA CURSIVA E MINÚSCULA CURSIVA.

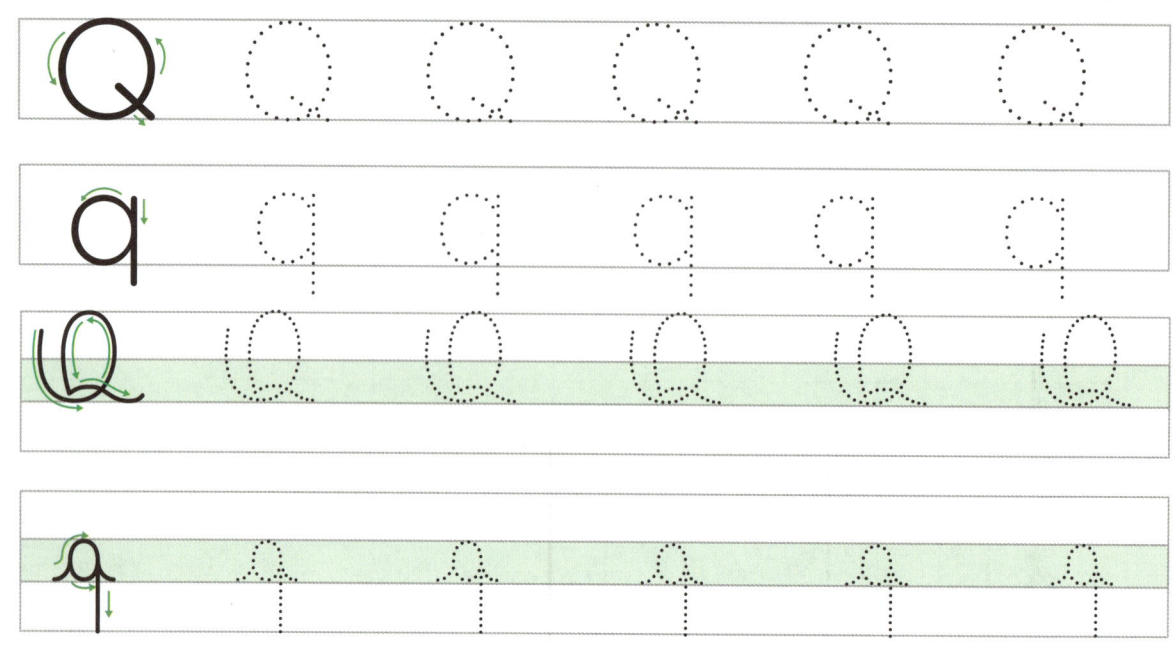

ESCRITA

CONTO DE FADAS

AGORA, QUE TAL MODIFICAR O CONTO "O MINGAU DOCE"?

1. ESCOLHA UMA NOVA PERSONAGEM PARA FAZER PARTE DA HISTÓRIA. ASSIM COMO A VELHINHA, ELA TAMBÉM VAI AJUDAR A MENINA E A MÃE DELA. CIRCULE A PERSONAGEM QUE VOCÊ ESCOLHEU.

FADA

DRAGÃO

REI

PRÍNCIPE

2. AGORA REESCREVA TRECHOS DA HISTÓRIA INCLUINDO A PERSONAGEM QUE VOCÊ ESCOLHEU. PENSE TAMBÉM EM UM NOVO OBJETO MÁGICO PARA SUA VERSÃO DO CONTO.

INÍCIO DO CONTO

ERA UMA VEZ UMA GAROTA QUE VIVIA SOZINHA COM SUA MÃE. ELAS ERAM MUITO POBRES E POR VEZES NÃO TINHAM O QUE COMER. UM DIA, A MENINA FOI ATÉ A FLORESTA PROCURAR NOZES E FRUTAS SILVESTRES E ENCONTROU UMA VELHINHA E _____.

A VELHINHA E _____ SENTIRAM PENA DA MENINA.

A VELHINHA E _____ RESOLVERAM AJUDAR A MENINA E DERAM A ELA _____.

MEIO DO CONTO

A MENINA, MUITO FELIZ COM O QUE TINHA RECEBIDO, VOLTOU PARA CASA E MOSTROU À SUA MÃE _____.

QUANDO A MÃE VIU _____, FICOU MUITO FELIZ, POIS NUNCA MAIS ELAS PASSARIAM FOME.

A MENINA DISSE À MÃE QUE, NA FLORESTA, TINHA ENCONTRADO UMA VELHINHA E _____, QUE TINHAM DADO A ELA _____.

FINAL DO CONTO

UM DIA, A MENINA FOI VISITAR SUA TIA E DEIXOU A MÃE SOZINHA. NAQUELA NOITE, A MÃE DA MENINA QUIS DIZER AS PALAVRAS MÁGICAS, MAS SE ESQUECEU DE DUAS PALAVRAS. DE REPENTE, PERCEBEU QUE _____ _____. ENTÃO CORREU, FOI ATÉ A FLORESTA PEDIR AJUDA PARA A VELHINHA E _____, QUE AJUDARAM TAMBÉM A MÃE, ASSIM COMO TINHAM AJUDADO A MENINA.

- EM UMA FOLHA AVULSA, FAÇA UM DESENHO PARA ILUSTRAR O FINAL DO SEU CONTO.

MÓDULO 8

LEITURA

CURIOSIDADES

VOCÊ SABIA QUE UM TEXTO DE CURIOSIDADES TRAZ SEMPRE UMA INFORMAÇÃO DIVERTIDA E, GERALMENTE, DESCONHECIDA DO LEITOR? VEJA QUE INTERESSANTE A CURIOSIDADE A SEGUIR.

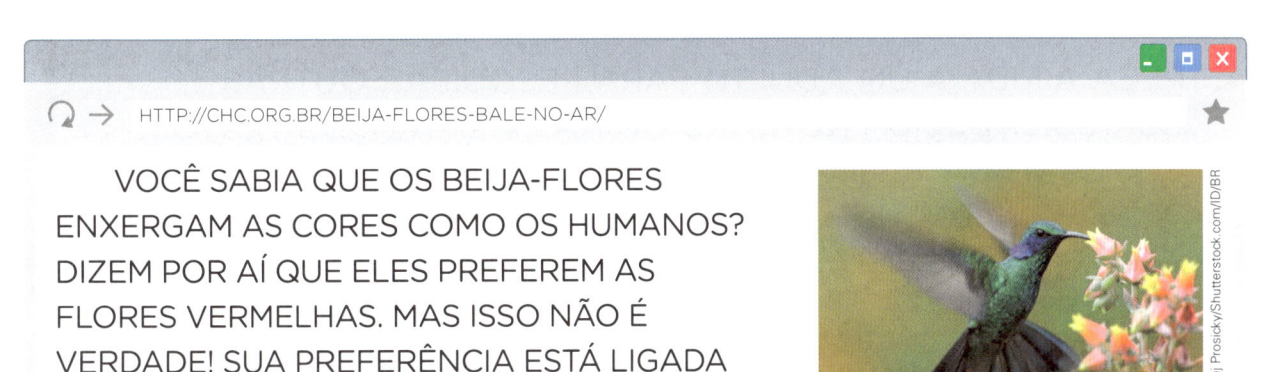

HTTP://CHC.ORG.BR/BEIJA-FLORES-BALE-NO-AR/

VOCÊ SABIA QUE OS BEIJA-FLORES ENXERGAM AS CORES COMO OS HUMANOS? DIZEM POR AÍ QUE ELES PREFEREM AS FLORES VERMELHAS. MAS ISSO NÃO É VERDADE! SUA PREFERÊNCIA ESTÁ LIGADA À FLOR QUE EXISTE EM MAIOR QUANTIDADE NO LOCAL EM QUE ESTÃO. SE EM UM LUGAR HÁ MAIS FLORES VERMELHAS, É CLARO QUE ELES VÃO VISITAR MAIS FLORES VERMELHAS. SE HÁ MAIS FLORES BRANCAS, VÃO VISITAR MAIS AS BRANCAS. OLHANDO PARA DETERMINADA FLOR PODEMOS DIZER QUE ELA É AMARELA COM UM POUCO DE BRANCO, POR EXEMPLO. OS BEIJA-FLORES ENXERGAM DA MESMA FORMA QUE NÓS E ATÉ UM POUCO MAIS! [...]

CIÊNCIA HOJE DAS CRIANÇAS. DISPONÍVEL EM: HTTP://CHC.ORG.BR/BEIJA-FLORES-BALE-NO-AR/. ACESSO EM: 28 FEV. 2022.

ESTUDO DO TEXTO

1. O TEXTO TRAZ UMA CURIOSIDADE SOBRE QUAL ASSUNTO?

   ☐ COR   ☐ BEIJA-FLOR   ☐ FLORES

2. RELEIA O TRECHO A SEGUIR.

   > VOCÊ SABIA QUE OS BEIJA-FLORES ENXERGAM AS CORES COMO OS HUMANOS?

   A) APÓS LER ESSE TRECHO, VOCÊ TEVE CURIOSIDADE DE SABER COMO ISSO ACONTECE? CONTE AOS COLEGAS.

B) O TEXTO INICIA COM UMA PERGUNTA. POR QUE VOCÊ IMAGINA QUE O AUTOR FEZ ESSA ESCOLHA?

_____

_____

3. QUAIS SÃO AS PRIMEIRAS PALAVRAS DO TEXTO?

_____

4. PEÇA AJUDA A UM ADULTO PARA PESQUISAR OUTRAS CURIOSIDADES EM REVISTAS OU NA INTERNET. OS TEXTOS COMEÇAM DA MESMA MANEIRA?

_____

_____

5. OBSERVE A ILUSTRAÇÃO E RESPONDA DE ACORDO COM O TEXTO.

Vanessa Alexandre/ID/BR

A) POR QUAIS FLORES OS BEIJA-FLORES SE SENTIRIAM ATRAÍDOS EM UM JARDIM COMO ESSE?

☐ VERMELHAS ☐ ROSAS ☐ AMARELAS

B) EXPLIQUE O MOTIVO DE SUA ESCOLHA.

_____

_____

6. DE ACORDO COM O TEXTO, OS BEIJA-FLORES SÃO MUITO ESPERTOS, POIS ENXERGAM:

☐ APENAS AS CORES DAS FLORES.

☐ AS CORES COMO OS HUMANOS.

☐ MAIS QUE TODOS OS OUTROS ANIMAIS.

ESTUDO DA LÍNGUA

PONTUAÇÃO (PONTO-FINAL, EXCLAMAÇÃO, INTERROGAÇÃO)

1. LEIA O TEXTO ABAIXO.

VOCÊ SABIA?

HÁ UM NOVO JOGO DE COMPUTADOR TOTALMENTE BRASILEIRO!

UM NOVO JOGO BRASILEIRO DE COMPUTADOR FOI LANÇADO RECENTEMENTE. O *GAME* "ÁRIDA" É O PRIMEIRO A TER O SERTÃO NORDESTINO COMO CENÁRIO. O JOGO TAMBÉM TRATA DE UM PROBLEMA BEM COMUM DESSA REGIÃO: A SECA.

FONTE DE PESQUISA: *JOCA*. DISPONÍVEL EM: HTTPS://JORNALJOCA.COM.BR/PORTAL/JOGO-SOBRE-SERTAO-TEM-PROTAGONISTA-NEGRA-E-NORDESTINA/. ACESSO EM: 28 FEV. 2022.

QUAL É O ASSUNTO PRINCIPAL DO TEXTO?

☐ O LANÇAMENTO DE UM COMPUTADOR.

☐ A CRIAÇÃO DE UM JOGO BRASILEIRO.

☐ A ESTREIA DE UM FILME.

2. ANTES DE FORNECER AS INFORMAÇÕES SOBRE O JOGO, O TEXTO FAZ UMA PERGUNTA AO LEITOR: "VOCÊ SABIA?".

A) CIRCULE NO TEXTO O SINAL DE PONTUAÇÃO QUE APARECE AO FINAL DA PERGUNTA.

B) O NOME DESSE SINAL É:

☐ PONTO DE INTERROGAÇÃO. ☐ PONTO-FINAL. ☐ VÍRGULA.

C) ALÉM DESSE, HÁ OUTROS SINAIS DE PONTUAÇÃO NO TEXTO. PINTE ESSES SINAIS DE **VERDE**.

SETENTA E TRÊS

3. NO TEXTO FORAM USADOS VÁRIOS PONTOS-FINAIS. O PONTO-FINAL DEVE SER USADO NO INÍCIO OU NO FIM DA FRASE?

_____

4. LIGUE O NOME DO SINAL DE PONTUAÇÃO À IMAGEM CORRESPONDENTE.

PONTO DE INTERROGAÇÃO

PONTO DE EXCLAMAÇÃO

5. QUAL É A DIFERENÇA ENTRE UM PONTO DE INTERROGAÇÃO E UM PONTO-FINAL?

_____

_____

6. RELEIA O TÍTULO ABAIXO.

> HÁ UM NOVO JOGO DE COMPUTADOR TOTALMENTE BRASILEIRO!

SE NO FIM DA FRASE FOSSE COLOCADO UM PONTO DE INTERROGAÇÃO, O SENTIDO SERIA O MESMO?

☐ SIM. TODA PONTUAÇÃO TEM SEMPRE O MESMO SENTIDO.

☐ NÃO. A FRASE SERIA UMA PERGUNTA AO LEITOR.

ESTUDO DA LÍNGUA

SINONÍMIA E ANTONÍMIA

1. LEIA A CURIOSIDADE A SEGUIR.

> VOCÊ SABIA QUE, QUANDO DECIDE IR AO CINEMA OU ASSISTIR A UM FILME PELA TELEVISÃO, O HORÁRIO ESCOLHIDO DEVE SER RESPEITADO? VOCÊ JÁ PERCEBEU QUE O FILME SEMPRE COMEÇA PONTUALMENTE? POR ISSO, SE VOCÊ SE ATRASAR, NÃO ENTENDERÁ A HISTÓRIA. JÁ PARA ENCONTROS, EM ALGUNS LUGARES DO MUNDO, CHEGAR NO HORÁRIO NEM SEMPRE PODE SER ALGO BOM. HÁ LUGARES, POR EXEMPLO, ONDE CHEGAR NO HORÁRIO PODE SIGNIFICAR PEGAR O DONO DA CASA DESPREPARADO, E ISSO É RUIM. JÁ AQUI, ONDE MORAMOS, CHEGAR NO HORÁRIO MARCADO É ALGO MUITO POSITIVO.

ELABORADO PARA FINS DIDÁTICOS.

A) O QUE ACONTECE SE CHEGARMOS ATRASADOS A UMA SESSÃO DE CINEMA?

_____

_____

B) DE ACORDO COM O TEXTO, CHEGAR NO HORÁRIO É "ALGO POSITIVO". QUE OUTRA PALAVRA PODERIA SER USADA NO LUGAR DE **POSITIVO** SEM MUDAR O SENTIDO DO TEXTO?

_____

2. VAMOS LEMBRAR.

> **ANTÔNIMAS** SÃO PALAVRAS QUE TÊM SIGNIFICADO OPOSTO.

> **SINÔNIMAS** SÃO PALAVRAS QUE TÊM SIGNIFICADO IGUAL OU SEMELHANTE.

AS PALAVRAS **PONTUAL** E **ATRASADO** SÃO SINÔNIMAS OU ANTÔNIMAS?

_____

3. RELEIA EM VOZ ALTA AS TRÊS PALAVRAS SUBLINHADAS NO TEXTO. LIGUE CADA UMA DESSAS PALAVRAS AO ANTÔNIMO CORRESPONDENTE.

RESPEITADO	MAU
BOM	NEGATIVO
POSITIVO	DESRESPEITADO

4. RELEIA ESTE TRECHO DO TEXTO.

> VOCÊ JÁ PERCEBEU QUE O FILME SEMPRE **COMEÇA** PONTUALMENTE? POR ISSO, SE VOCÊ SE ATRASAR, NÃO ENTENDERÁ A HISTÓRIA.

A) ESCREVA UM SINÔNIMO DA PALAVRA DESTACADA.

_____

B) E AGORA ESCREVA O SEU ANTÔNIMO.

_____

5. RELEIA A FRASE A SEGUIR.

> HÁ LUGARES, POR EXEMPLO, ONDE CHEGAR NO HORÁRIO PODE SIGNIFICAR PEGAR O DONO DA CASA DESPREPARADO, E ISSO É RUIM.

A) QUAL É O ANTÔNIMO DA PALAVRA SUBLINHADA?

☐ PREPARADO.   ☐ ORGANIZADO.

B) SE A PALAVRA SUBLINHADA FOSSE SUBSTITUÍDA PELO SEU ANTÔNIMO, O SENTIDO DA FRASE SERIA O MESMO?

_____

_____

CALIGRAFIA

LETRAS K, W E Y

1. COM UM LÁPIS, SIGA AS LINHAS PONTILHADAS PARA ESCREVER A LETRA **K** MAIÚSCULA DE IMPRENSA, MINÚSCULA DE IMPRENSA, MAIÚSCULA CURSIVA E MINÚSCULA CURSIVA.

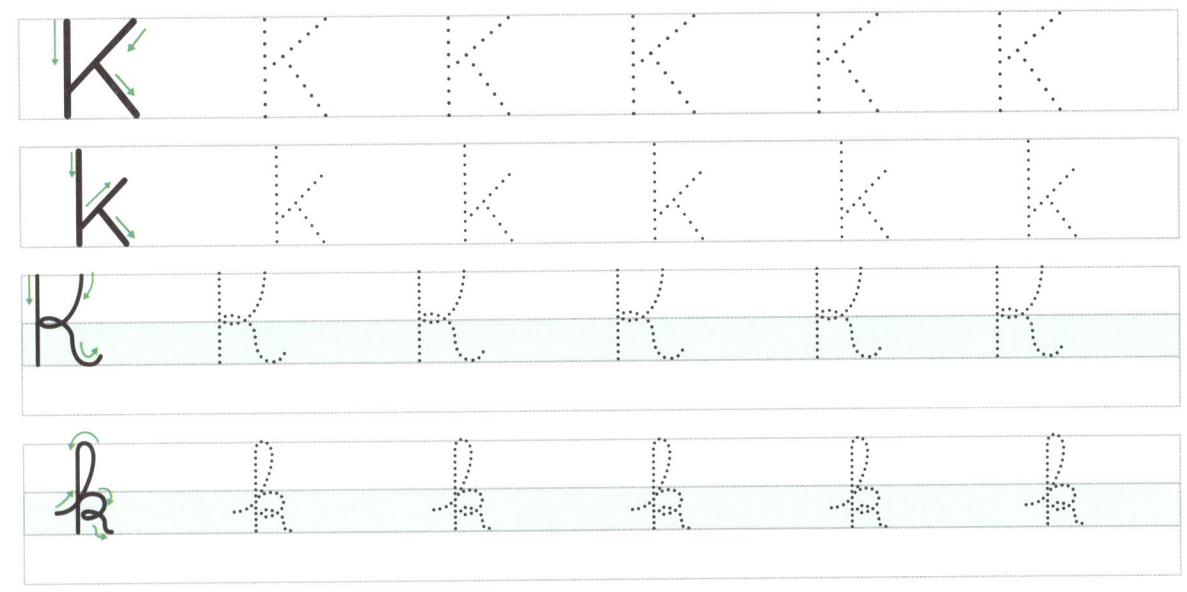

2. COM UM LÁPIS, SIGA AS LINHAS PONTILHADAS PARA ESCREVER A LETRA **W** MAIÚSCULA DE IMPRENSA, MINÚSCULA DE IMPRENSA, MAIÚSCULA CURSIVA E MINÚSCULA CURSIVA.

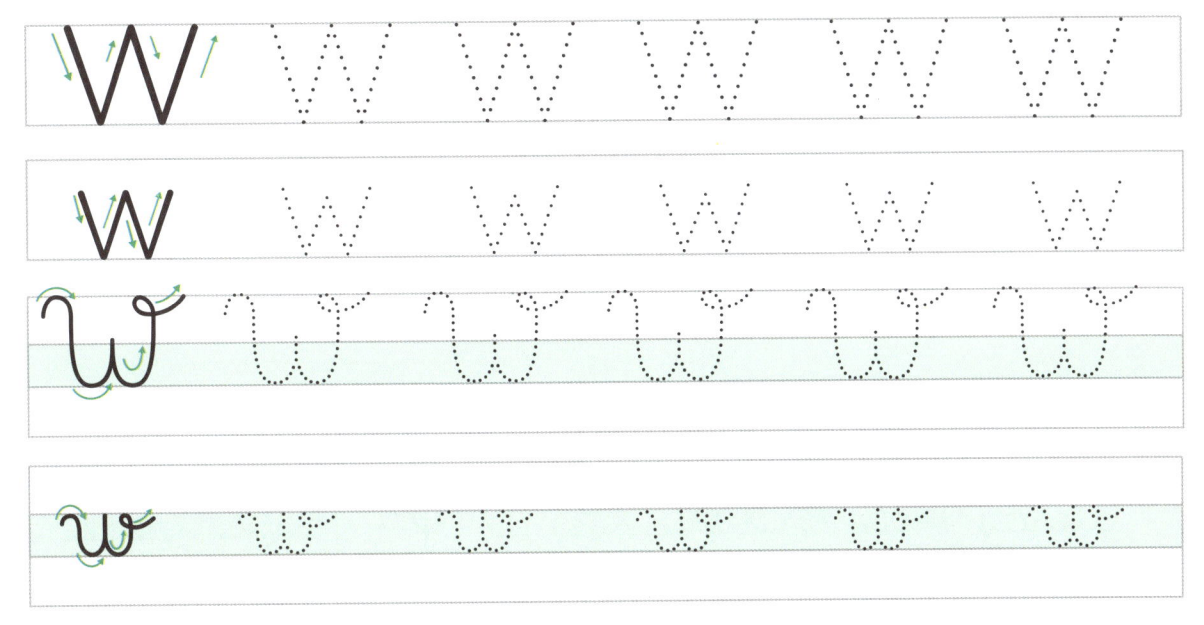

SETENTA E SETE

3. COM UM LÁPIS, SIGA AS LINHAS PONTILHADAS PARA ESCREVER A LETRA **Y** MAIÚSCULA DE IMPRENSA, MINÚSCULA DE IMPRENSA, MAIÚSCULA CURSIVA E MINÚSCULA CURSIVA.

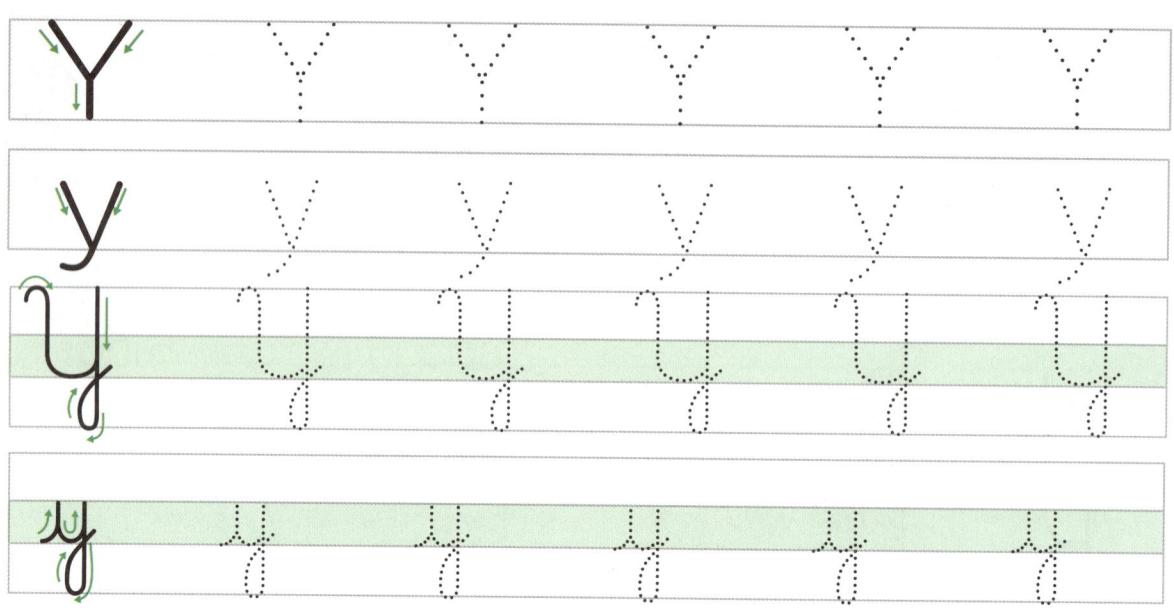

4. COM O PROFESSOR, LEIA OS NOMES A SEGUIR. DEPOIS, ESCREVA ESSES NOMES EM LETRA CURSIVA.

Wanda

Ney

Yara

Karina

Kelly

Wilson

Wesley

Keyla

ESCRITA

CURIOSIDADES

VOCÊ LEU ALGUNS TEXTOS QUE TRAZEM INFORMAÇÕES CURIOSAS SOBRE ASSUNTOS DIVERSOS.

AGORA, LEIA ESTES PEQUENOS TEXTOS, QUE APRESENTAM PERGUNTAS CURIOSAS SOBRE ALGUNS ANIMAIS.

POR QUE A GIRAFA TEM O PESCOÇO TÃO COMPRIDO?
PARA ESPIAR OS OUTROS ANIMAIS.

POR QUE O TUCANO TEM O BICO TÃO GRANDE?
PARA METER O BICO NA CONVERSA DOS OUTROS.

POR QUE O ELEFANTE TEM UMA TROMBA TÃO GRANDE?
PORQUE ELE GOSTA DE DAR TROMBADAS.

1. EM SUA OPINIÃO, AS RESPOSTAS DADAS ACIMA ESTÃO CORRETAS?
   ☐ SIM   ☐ NÃO

2. DE QUAL RESPOSTA VOCÊ MAIS GOSTOU?

_____

3. AGORA É A SUA VEZ! PENSE EM ALGUMA INFORMAÇÃO DIVERTIDA SOBRE OS ANIMAIS A SEGUIR. CRIE UMA PERGUNTA E UMA RESPOSTA PARA CADA UM, COMO VOCÊ VIU NA PÁGINA ANTERIOR.

_____
_____
_____
_____
_____
_____

_____
_____
_____
_____
_____
_____

4. ESCOLHA OUTRO ANIMAL E PESQUISE INFORMAÇÕES CURIOSAS SOBRE ELE. ESCREVA AS INFORMAÇÕES QUE VOCÊ ENCONTROU.